Sur la vie de mon père…

Biographie reconstituée

Gérard Darmon

Sur la vie de mon père…

Biographie reconstituée

Michel Lafon

118, avenue Achille-Peretti – CS 70024
92521 Neuilly-sur-Seine Cedex
www.michel-lafon.com

À Tine…

« Il y a toujours en moi une incapacité à obéir. »

CHATEAUBRIAND

Première partie

L'absence

– 1 –

Quand mon père est mort, je n'étais pas là.

Cette vie-là s'est arrêtée loin de moi. C'est comme un continent disparu : brusquement, tout un pan de l'univers sombre, avec ses souvenirs, ses regrets, ses nostalgies, ses erreurs, ses bonheurs, ses personnages, son décor. Un immense pays a ainsi été englouti, sous le jeu concerté des plaques tectoniques et du poids de l'Océan : était-ce un empire, une toundra, un marais ? Le continent de Mu a simplement été effacé par des dieux malveillants, il y a quelques millions d'années.

Quand mon père est parti, c'est ma mémoire qui a été engloutie par des divinités aigres. Le temps m'a manqué, le temps me manque toujours, je n'ai pas pu poser toutes les questions, demander toutes les clés. Qui était-il, cet homme qui fut si absent, si présent dans ma vie ? Qui est-il, cet étranger si proche qui m'accompagne, nuit après nuit, jour après jour, dans mon voyage intime ? Il ne m'a légué que des ombres, des brouillards, où, parfois, j'aperçois des bribes de son passé. Il entre en diagonale dans cette rue mal éclairée, il s'avance, il me sourit, et s'en va pour se fondre dans mon passé d'enfant. Est-on jamais assez curieux du bagage de ses parents ? Je suis entré dans sa vie en naissant. Il est entré dans la mienne en mourant. Curieux échange, à la fois inique – car rien ne peut y être changé – et magnifique – car il ne reste que le souvenir, infiniment malléable, infiniment poétique.

Je le vois, Henri Messaoud Darmon, sur sa carte de combattant, n° 2426, carte délivrée par l'Office national des anciens combattants et victimes de guerre, frappée de l'en-tête « République Française ». C'est l'un des rares documents qui me restent, à part quelques photos sépia et quelques lettres à l'encre pâlie. Monsieur Darmon, indique cette carte jaune signée d'un illisible paraphe, habitait rue des Écoles, dans le Ve arrondissement. J'y suis allé. C'est un hôtel, aujourd'hui, le Familia. Rien de spectaculaire, un immeuble banal, encadré par deux autres auberges : l'Hôtel du Quartier latin à gauche, le

Minerve Hôtel à droite. Des étudiantes américaines à queue-de-cheval y demeurent un instant, des sorbonnards péruviens y viennent à vélo, et il ne reste rien, ou presque, du Paris d'hier. Il n'y a pas si longtemps, ces rues – rue de Poissy, rue Saint-Victor, rue des Fossés-Saint-Bernard – étaient des coupe-gorges, sales, avec des maisons lépreuses et des fûts en fer où, l'hiver, brûlaient des cageots. Les misérables venaient s'y chauffer. Je me souviens.

Pourquoi mon père est-il venu habiter là, sous la montagne Sainte-Geneviève, où Verlaine traînait, silhouette impalpable comme celle d'un fantôme, dans la fange du caniveau, saoul d'alcool et de la musique des mots ? Verlaine est mort à un jet de pierre, dans un taudis, en tenant une orange dans ses mains. C'est là aussi qu'avaient lieu, dit-on, les réunions secrètes des nains de Paris, dans l'une de ces venelles obscures qui jouxtent ce Familia si rassurant. Il est vrai que mon père était un homme aussi mystérieux que ces visiteurs du soir. La carte n° 2426 lui donnait-elle accès à ces étranges images qui hantent le quartier ? Toujours est-il qu'une erreur de frappe assigne à Henri Darmon un lieu de naissance qui me plaît. La secrétaire de l'Office national des anciens combattants a pensé « Algérie », mais a tapé « Alégrie ».

Par la grâce d'une interversion, donc, mon père est né le 30 septembre 1910 dans un pays qui tenait de l'allégresse et l'allégorie. L'Alégrie est forcément peuplée de gens heureux. Mon père a-t-il été heureux ? Il n'en donnait pas l'impression. Il se taisait. Quand on lui posait une question, il rabattait le rebord de son Borsalino, et sa bouche devenait une ligne de silence. Je regarde cette photo d'identité, et ce vieil homme, déjà un peu chauve, qui pourtant n'a que soixante-quatre ans, semble avoir vécu une existence qui lui a laissé un goût amer : devant l'objectif du photographe, il sourit, oui, mais d'un sourire contraint, légèrement figé, empreint d'une amertume dont je ne sais d'où elle vient.

Lui, il est venu d'une contrée d'opérette, l'Alégrie. Mais il est mort à Savigny-sur-Orge, cette banlieue où je n'étais pas. Moi, je suis entre les deux.

Plus tard, j'ai appris que le quartier de la rue des Écoles avait été, au XIIIe siècle, un lieu notoire pour les « femmes débauchées », les filles de joie, les essoreuses, les macarelles, les gisquettes. D'où, sans doute, la profusion d'hôtels... Ces dames, on les appelait aussi des « frangipanes ». C'est joli. Et, ma foi, ce voisinage ne dépare pas : Henri Messaoud Darmon les aimait bien, les frangipanes. Il était, à sa manière, tolérant. Une seule chose le hérissait : la parole trompée. Il y allait du statut d'homme. On était un homme ou on n'en était pas un. Hormis les hommes, il y avait les roulures et la gadoue. Pas la peine de se pencher, même.

Je suis parvenu aujourd'hui à l'âge qu'il avait. Je me retourne, et il n'est plus là. Je le cherche, il a disparu. Il a laissé peu de traces, peu de confidences, peu de photos. Il a eu une empreinte légère. J'ai retourné les papiers qu'il m'a laissés : rien, ou presque. Une poignée de feuillets jaunis, des clichés sans légende, une odeur tenace de poussière. Ses amis ont disparu. Ses femmes ne sont plus là. Henri Darmon ne survit que dans ma mémoire, et il me parle.

Cet homme-là, je l'ai aimé immensément.

Cet homme-là, je l'aime d'un amour infini.

Peut-être est-il dispersé, comme le sable du temps, autour de moi ? Rien ne se perd, tout se change en énergie. Comme des atomes qui roulent dans le cosmos, particules élémentaires d'une vie qui n'a ni début ni fin, notre énergie ne se dissout pas, mais s'évapore, et reste là, transmissible à d'autres. Nous puisons dans cette vapeur invisible, elle imprègne nos actes et nos paroles. Quand je suis au théâtre ou sur un plateau de cinéma, je suis certain qu'il y a cette nuée invisible d'énergie qui me porte.

Mes parents ont disparu ensemble, à quelques mois d'intervalle. Ma mère, au mois de mars. Mon père, au mois de décembre. Elle, de maladie. Lui, de chagrin.

Il avait quatre-vingt-six ans, mais portait son âge avec élégance. Ce fut, jusqu'au bout, un homme vertical. Mais la mort de ma mère l'a tué. Cinquante ans de vie se sont ainsi terminés, en une tristesse impossible à réfréner. Ma mère a été enterrée, et, de ce jour-là, Henri Messaoud Darmon n'a plus vécu en Alégrie. Ce pays-là l'a déserté. De mars à décembre, il est devenu citoyen de Tristeza, le pays de l'autre côté de l'univers. La force vitale qui l'habitait s'est retirée, comme la mer sur une plage, ne laissant que des galets polis par l'existence, et des coquillages creux, que nulle créature n'occupe, et que les enfants ramassent. Il s'est laissé dériver, et cette dérive l'a conduit au-delà de l'horizon. De là, il m'envoie cette énergie qui l'habitait, et qui ne disparaîtra jamais.

*

Je me trouvais où, à ce moment-là ?

J'étais alors en Afrique du Sud, à Mthatha, petite ville en pays bantou, à l'ombre du Thabana Ntlenyana, dont le sommet enneigé culmine à trois mille cinq cents mètres. Ou bien étais-je à Johannesburg ? Non, j'étais à Soweto… Les lieux se télescopent, les yeux se brouillent. L'Afrique du Sud m'enveloppait : le pays sortait de l'apartheid, Nelson Mandela était libéré, l'espoir passait comme un vent d'ouragan, les townships[1] s'ouvraient. Un peuple né dans l'ombre des cachots et sous la crainte du fouet se levait, et passait dans un espace de liberté, avec une ferveur née d'une trop longue attente. Je tournais un film, *La Ferme du Crocodile*, avec la mère de mes enfants. L'Afrique du Sud naissait à la modernité, la nation arc-en-ciel

1. Bidonvilles.

nous communiquait son électricité. Des visages noirs sortaient de la poussière, des mouvements blancs extrémistes se repliaient, la Commission Vérité et Réconciliation était mise en place. Tout un monde ancien s'éteignait, dans des convulsions. C'était une agonie plaisante : tout ce que le régime colonial avait provoqué, toutes ces années de souffrance et d'injustice, tout était balayé. J'étais à ma place, dans cet élan. Il y avait des rois zoulous qui sortaient dans le veld, vêtus de peaux de panthère, la lance à la main, fiers et hautains. Il y avait des mineurs en haillons, sortis des entrailles de la terre, qui se dirigeaient vers Johannesburg, ville qu'ils n'avaient jamais vue. Il y avait des touristes effarés de tous ces changements. Il y avait de nouveaux bourgeois noirs, qui s'installaient dans les belles villas des Blancs. Le sampa[1] Mandela, sorti de prison les pieds battus et la démarche brisée – mais l'esprit intact – régnait avec un sourire immense.

Moi, j'avais mon roi, et il était à Paris.

1. « Roi » en langue xhosa.

Nous marchions sur les miettes de l'apartheid, et, je l'avoue, j'en étais heureux. Une euphorie palpable imprégnait les rues, entrecoupée par une agressivité légitime contre les Blancs. Tout était effervescent. La rancœur, le désir de vengeance étaient là, quand même. Dans les yeux des Noirs traités en esclaves depuis si longtemps, dans les mots, selon qu'ils étaient prononcés en afrikaans ou en xhosa, dans les rumeurs de massacres de fermiers blancs, dans les revendications des Bochimans, il y avait une violence parfois feutrée, parfois contenue, mais toujours présente. Nous tournions sur un volcan en train de se réveiller. C'était pourtant un moment heureux.

Moment heureux, mais moment dangereux.

Ce jour-là, je dois tourner une scène à Soweto. C'est le township le plus explosif, une banlieue de tôle et de planches, où un million de personnes sont entassées dans des conditions d'une misère extrême, bidonville géant, cancer social. C'est là, à quinze kilomètres de Johannesburg, qu'ont été relégués les Noirs qui se sont révoltés en 1976 : dans cette fournaise sans eau et presque sans électricité, des familles entières sont nées et sont mortes, dans des conditions de camp de concentration. Y aller, c'est réveiller le diable. Je dois être perché sur une Jeep, vêtu en Afrikaander. C'est jeter de l'huile sur le feu : il va de soi que les habitants de Soweto risquent de réagir. Ils sont prévenus, cependant. Un service de sécurité est prévu.

Le tournage commence, et, très rapidement, suscite la curiosité. Des hommes et des femmes sortent de leurs baraques branlantes, et voient un Afrikaander passer devant leurs yeux effarés. C'est comme si un type en uniforme de Waffen-SS venait visiter Hatikva, l'un des quartiers de Tel-Aviv. La réaction est immédiate. On sent monter la fureur, on la sent bouillir dans la foule qui se masse lentement, menaçante. Les assistants signalent alors qu'il y a des caméras, que c'est un film. La tension redescend, mais à tout moment, nous pouvons être lynchés.

Il y a de quoi. Ce que les gens de Soweto ont enduré, nul ne peut le décrire.

À partir de là, la brume qui recouvre tout ce qui entoure mon père envahit mon esprit. Ma mémoire se rebelle. Je me souviens que ce jour à Soweto, vêtu en broussard, a été long, que la chaleur était écrasante, que les assistants parlementaient avec la population. Des enfants noirs couraient derrière la Jeep, des mères allaitaient des nourrissons sur le pas de la porte, des chiens jappaient, des hommes levaient des bâtons, et la poussière de Soweto, une poussière rouge, poudreuse, retombait sur les caméras. L'esprit de l'Umkhonto we Sizwe, la branche militaire du Congrès national africain, n'était pas mort. Et le courage de Madiba – le surnom de Mandela – demeurait. Je me souviens…

Je ne me souviens pas vraiment, non.

C'est toute l'histoire de mon père. Rien n'est fixe, rien n'est définitif. Je pensais être à Mthatha, et puis non. J'étais certain d'être à Soweto, et puis non. Quand on m'a annoncé la mort de mon père, j'étais à Johannesburg.

Oui. Disons Johannesburg.

Je suis dans ma chambre. Je dors. La ville s'étale autour de moi, avec ses rues au carré, ses immeubles Art déco, ses soirées fraîches. Son nom, Egoli, en zoulou, signifie « La Cité de l'or ». Peut-être que je suis déjà revenu de Soweto, et que la poussière de la route crisse entre mes dents. Peut-être que mon sommeil est troublé par toute cette énergie qui flotte dans le pays. Peut-être que la mer, là-bas, au bout du Swaziland, m'appelle. Mais où sont les crocodiles du titre de ce film ?

Ma compagne entre dans la chambre. Je me réveille. Elle me dit :

– Ton père est mort.

Oui, c'est ainsi que cela s'est passé. Oui... Oui ?

Je vivrai trois fois cette scène. La première fois, c'était en mars 1995, à Nantes. Ma compagne est entrée, et m'a dit :

– Ta mère est morte.

La troisième fois, ce sera le 14 mai 1998, à Paris.

Elle me réveillera pour me dire :

– J'ai une mauvaise nouvelle à t'annoncer.

Je la regarderai, et je comprendrai tout. Je dirai :

– Sinatra est mort.

– Oui.

C'est ainsi que les royautés périssent, que les royaumes se défont.

La deuxième fois, c'était mon père. Décembre 1996.

Je me réveille, à Mthatha, Soweto ou Johannesburg. Je me réveille, je ne suis pas surpris. Henri Messaoud Darmon avait quatre-vingt-six ans, il n'y a rien de plus normal, la mort à cet âge-là. Mais quand même... Depuis la disparition de ma mère, il avait éteint la flamme. Il attendait. Il attendait. C'était comme un évier qui se vide : l'énergie s'en allait en tourbillons lents, la vitalité s'épuisait.

Encore une fois, est-ce ma mémoire qui reconstitue les choses à sa manière ? M'a-t-on décrit les derniers moments de mon père ? Je le vois, à Paris. Il se lève, ce matin-là. Il fait froid. Les nouvelles sont, comme d'habitude, bonnes et mauvaises : le rouble est dévalué, les explosions de colère sur l'esplanade des Mosquées à Jérusalem sont calmées, Marcello Mastroianni est mort, on vient de publier la 46e aventure de Buck Danny, *L'Escadrille fantôme*.

Mon père sort de sa chambre, va prendre son petit déjeuner. Mais, dans le couloir qui mène à la cuisine, il se sent mal. Il retourne se coucher. Son cœur est en train de le lâcher. Son cœur le lâche. Il ferme les yeux. Un dernier souffle sort de sa bouche.

Henri Messaoud Darmon est mort dans son lit.

Un héros très discret, exactement.

Ma mémoire revient, après cet instant où j'apprends la nouvelle. Maintenant que je sais que mon père est parti, je dois prendre une décision. Il reste deux jours de tournage en Afrique du Sud. Partir ? Rester ? Je suis écartelé.

J'appelle Paris. Des amis prennent les choses en main. J'ai un sursis de quarante-huit heures.

De nouveau, la brume. Je sais que j'ai dit mon texte, que l'équipe m'a entouré avec émotion, que je suis resté debout. Mon père l'aurait voulu, que je reste debout. Les rois ne se couchent pas. Ou alors, définitivement.

*

Je rentre dans ma chambre africaine. Je m'assieds, je prends du papier. Je vais écrire à mon père. Et aux autres, à tous les autres.

J'aligne les mots, au fil d'une plume portée par les larmes. Je lui dis la peine que j'éprouve, l'amour que je lui porte, à quel point il va me manquer. C'est que, désormais, l'ardoise est vierge, ou presque. Depuis la mort de ma mère, j'ai réglé mes comptes avec mon père : pendant ces neuf mois, j'ai parlé. Je lui ai exprimé mes griefs, car, lui ai-je dit, il n'avait pas été toujours très correct avec ma mère. Je l'ai fait avec douceur, et aussi avec circonspection : le respect qui lui était dû et que j'éprouvais délimitait les reproches. Dans son regard, je voyais encore l'homme qu'il avait été dans les années 1930 et 1940, dans ces années où il avait gagné le surnom de « Trompe-la-Mort ».

Trompe la mort… Cette fois-ci, il ne l'avait pas trompée, il l'avait épousée, dans un dernier souffle autorisé par un cœur défaillant.

Je lui ai écrit une lettre postée outre-tombe.

C'était une lettre d'amour, avant tout. Je me suis adressé, aussi, aux autres membres de la famille, qui s'interrogeaient sur ce couple étrange. Après tout, ma mère n'avait pas vraiment aimé mon père, et ils étaient restés ensemble malgré tout. C'était un mariage inégal, une association bancale, mais qui avait tenu cinquante ans. Elle, c'était une femme venue d'un autre monde : elle était sage, assimilée, bien éduquée. Lui, il avait connu une autre vie, voire plusieurs autres vies. Ce couple était contrasté. Moi, enfant, je sentais l'agressivité discrète que leur présence provoquait. Mon père ne disait rien, le silence était son royaume. C'était un souverain muet.

Autrefois, il aurait communiqué par tablettes, dans un palais mycénien. En 1995, il se contentait de fermer la bouche, qui s'étirait peut-être en un léger sourire à la vue de ces frangipanes qu'il avait fréquentées il y avait des années…

La lettre, je l'ai encore. Elle commence par : « Mon cher papa »…

Et puis les souvenirs sont remontés. Ma mère, je l'ai dit, est partie en mars 1995. Trois mois plus tard, en juin, mon oncle Louis l'a suivie. Louis Bibas était marié à la sœur de ma mère, Yolande, une sœur inséparable. Il faut que je le dise : Yolande et Louis ont été une seconde famille pour moi. J'avais une mère à deux têtes.

Yolande est venue en France parce que ma mère traversait une zone dépressive. Mon père l'a fait venir du bout du monde, avec Louis. Tandis qu'Henri traversait la France, naviguait dans sa voiture entre Angoulême et Quimper, entre Niort et Strasbourg, ma mère attendait. Elle attendait quoi ? Et mon père, cet Henri flottant sur les routes, que faisait-il ? Vendait-il du vin, comme il le prétendait ? Était-il poussé par les vents, au hasard des grands chemins ? Il faisait du bizness, disait-on. Du bizness… Terme vague et sans contenu. C'est bien de mon père, ces effets d'imprécision…

C'est avec mon oncle que je suis allé voir des matchs de foot. Avec lui que je suis allé en Algérie – qui n'était plus l'Alégrie de la carte de combattant. Avec lui…

Les images avec mon père, aussi, affluent. Un match de boxe, une main qui se pose sur la mienne, la douceur de cette main, le chapeau de travers… Mon père chante, mon père se fait beau devant une glace, mon père court dans une rue, mon père me voit sur scène… La dernière fois que je l'ai vu, je lui ai demandé s'il voulait que je le rase. Il a accepté. Ce qui signifiait beaucoup. Se raser est un acte intime, de verticalité, de vigueur. Il a accepté. Il s'est assis sur une chaise près du lavabo, puis il s'est laissé faire, comme chez le barbier. Nous étions proches et complices pendant ce moment-là. Ça lui faisait plaisir que son fils le rase. Albert Dray, l'ami de toujours, assistait à la scène ; il m'en parle encore, avec la même émotion. Henri aimait beaucoup Albert.

Et puis le cœur a lâché.

Plus tard, j'ai cherché à savoir. J'ai posé des questions, quand il n'a plus été là. J'ai cherché. Je suis allé fouiller dans les archives de la Justice. Je suis allé traîner dans les archives de la Shoah. J'ai dépouillé des fiches dans les soutes des archives militaires. Partout, Henri Messaoud Darmon n'a laissé qu'une imperceptible trace, quelque chose comme un souvenir évanescent. Il appartient à la famille des djinns, qui se meuvent dans l'ombre et disparaissent à volonté. Si mon père n'avait pas été mon père, qui saurait même qu'il a existé ?

Le cinéma a ceci de particulier qu'il saisit l'instant, qu'il est une machine à remonter la mort. Mon père, lui, est un fantôme.

Quand je le prends dans mes bras, il s'évapore.

Il est comme une âme : il a une présence douce, persistante.

Il est, d'une certaine façon, mon âme.

– 2 –

Nous vivions rue des Artistes, près du parc Montsouris... J'ai passé une partie de mon enfance dans cette rue au nom prédestiné, dans laquelle on entre en voiture et on sort à pied – ou le contraire. Passent les ombres des artistes – Seurat, Soutine, Chagall, Zadkine, Kisling, Brancusi, Miró... Tous étaient descendus de Montmartre après la Première Guerre mondiale, et s'étaient établis dans les baraques, sur les terrains vagues, dans les bicoques de Montparnasse. Il flottait, dans les années 1950, un parfum de cosmopolitisme : on parlait vingt langues, on côtoyait des gens venus de nulle part, des enfants apatrides, des rescapés de la Mitteleuropa ravagée par Hitler, des errants qui avaient posé la valise. Nous étions en famille, avec eux.

J'avais abandonné le lycée, où je m'ennuyais. J'étais allé vivre dans un kibboutz, où j'espérais. J'étais revenu à Paris, pour devenir acteur. J'admirais Fernandel. J'avais mes royautés à moi, qui n'étaient pas celles de tout le monde. Je voulais émouvoir, vivre, aimer, marquer le monde de mon sceau. J'étais ardent, impatient, ambitieux, rebelle. Bref, comme tous les jeunes. Sauf que moi, j'aimais Sinatra. Les autres vénéraient Jimi Hendrix, les Beach Boys ou Procol Harum. Il y avait les inconditionnels de Johnny, les dingues du Golf Drouot, les amateurs des Mamas and the Papas. Mais moi, c'était Sinatra. Il avait une façon d'incliner son chapeau qui en disait long. C'était un art. La cravate desserrée, le geste léger, l'imper jeté sur l'épaule, il allait prendre l'avion en souriant. La pochette du disque disait tout : *Come Fly with Me*. Tous mes copains écoutaient du rock garage, du rock psychédélique, du rock progressif, du rock roots, bref du rock et quelquefois du blues. Moi, je swinguais. Je suis parti en Israël avec Sinatra en tête. Il n'était pas juif, mais italien. Et alors ? Il était capable de faire swinguer les kibboutz avec *Blue Moon*. J'ai cueilli des oranges, là-bas, sur l'air de *Summer Wind.* Ol' Blue Eyes avait été foudroyé, à vie, par la beauté d'Ava Gardner. Moi aussi. Mais lui, il l'avait épousée et avait été très malheureux. Sinatra était un roi en exil, depuis que sa reine était partie.

Je voulais être acteur, moi aussi.

La première fois que mon père m'a vu sur scène, j'avais dix-huit ans. J'étais à l'école d'art dramatique de Bernard Bimont : il avait monté *Jean de la Lune*, pièce de Marcel Achard, et m'avait confié ce rôle-titre de poète lunaire, cocu avec gentillesse, rêveur avec douceur.

Marcel Achard, alors, était un auteur à succès. Il avait écrit trente pièces, était joué à la Comédie-Française et, dans sa jeunesse, avait failli se suicider par dégoût de la faillite, et c'est Henri Béraud, le journaliste étincelant (et plus tard collabo), qui l'avait retenu par la manche. Achard avait rencontré Juliette à Pau, et avait épousé cette jeune femme aux yeux verts de chatte orientale. Tous deux avaient, selon les mots de Françoise Giroud, « résisté à la double épreuve de la misère et du succès ». Et c'est pour lui rendre hommage que Marcel Achard se présentait comme « le mari de madame Marcel

Achard »... Elle avait toujours les yeux verts. J'étais surveillé par la chatte orientale.

Mon père était deux rangs derrière, avec ma mère, dans cette petite salle. Tous les deux m'ont applaudi. Chaleureusement. Mais je sais que mon père, dans un coin de sa tête, se demandait ce que je faisais sur scène. Était-ce seulement un métier, comédien ? On gagnait sa vie comment, dans ce bizness ?

Pour mon père, ma mère, ma tante et mon oncle, le théâtre, c'était ce qu'on voyait à la télé, des personnages en noir et blanc jouant Feydeau « Au théâtre ce soir ». Ils avaient vu *La Perruche et le Poulet* de Robert Thomas, *Auguste* de Raymond Castans et peut-être *Le Minotaure* de Marcel Aymé. Le théâtre, pour eux, c'était un divertissement de riches : on n'y allait qu'avec une cravate. Leur fils était peut-être un passager clandestin, dans ce monde...

Mon père avait une particularité. Il aimait les beaux textes. Il écoutait les mots qui roulaient, savourait leur densité, appréciait leur porosité, s'abandonnait à leur musique. Il n'allait peut-être pas souvent au théâtre, mais il aimait se rendre au Palais de Justice où, dans sa jeunesse, il avait sans doute été du mauvais côté du prétoire. Dans son âge mûr, il prenait le bus, débarquait dans l'île de la Cité, passait les plantons galonnés, traversait la salle des pas perdus où déambulaient des avocats en toge et des clients anxieux, et écoutait les plaidoiries de Maurice Garçon ou de Jacques Isorni. Il adorait ces tonnerres, ces effets de manche, ces silences, ces rugissements, ces envolées, ce lyrisme au service de l'innocence supposée. Il avait même entendu, jadis, maître Moro-Giafferi, qui avait défendu Herschel Grynszpan, l'assassin du conseiller nazi Ernst Vom Rath, meurtre qui avait déclenché l'horreur de la Nuit de cristal, en 1938.

Henri Moussaoud Darmon connaissait certains passages des plaidoiries par cœur. Il nous les récitait d'un ton grandiloquent, avec des gestes de circonstance. Il était hors de son rôle, et il le savait, ce qui n'empêchait pas une admiration sincère. Il faisait l'acteur chez lui. Il compensait ces années d'études qu'on ne lui avait pas données.

Pour lui, ces textes étaient le fin du fin. Ils mettaient des mots sur sa pensée, chose qu'il avait du mal à faire. De plus, c'était une revanche : pour une fois qu'il était du bon côté... L'ennui, c'est qu'il y mettait un ton de cabotin polonais. Dans sa bouche, tout devenait ampoulé, déclamatoire. Ma mère, en l'entendant, s'énervait. Mon père faisait le beau, j'avais l'impression qu'il effectuait des ronds de jambe. Ces textes, sur ce ton, s'accordaient mal avec notre situation : le contraste entre l'emphase des tirades et la modestie de la toile cirée de la cuisine me gênait. Ce n'était ni le lieu ni le moment de sauver Herschel Grynszpan, qui avait été déporté dans un camp de concentration. Nous avions d'autres préoccupations, plus simples.

Mais c'était sa façon à lui, Henri Darmon, de s'élever.

*

Ma lettre, à sa mort, je ne l'ai jamais postée. Elle est restée devant moi, dans ce bureau qui ne m'appartenait pas, en Afrique du Sud. Il faisait chaud. J'étais dans un pays étrange, où les sangs étaient mêlés, où la rancœur remontait, où deux mondes se regardaient face à face, où chaque Blanc pouvait avoir une goutte de sang noir, lui donnant un cœur de traître. C'était comme si tout le poids de l'Afrique avait lesté cette partie, tout en bas de la carte. Ma famille venait de là-haut, près de la Méditerranée. J'écrivais à mon père à l'autre extrémité du continent, face à l'Atlantique sud. Si je jetais une pierre, elle pourrait retomber sur les terres de l'Antarctique, entre les baleiniers et les phoques. Je n'étais pas chez moi, j'étais comme Sinatra, en exil.

J'écrivais avec mon cœur.

J'ai mis longtemps à l'écrire, cette lettre. Chaque mot venait facilement, chaque souvenir coulait au bout de la plume. Mais les mots, aussi, trahissaient ma pensée. Je les polissais, je les jetais, je les reprenais. Ils s'accumulaient en vrac, puis ils s'alignaient, se télescopaient ; je mettais des virgules dans mon chagrin, je discutais avec mon père au futur antérieur, j'étais dans le chaos de la grammaire et des sentiments. Mon père était parti, mais les mots me restaient, j'en disposais comme d'une armée de petits soldats venus combattre la tristesse. J'étais prêt à donner un empire pour prendre des mots au lasso, et les expédier dans l'au-delà. J'avais des dialogues d'outre-tombe, des élans contre la mort, des luttes avec le destin.

Mais personne ne se pliait à mes désirs, même pas la Poste sud-africaine, qui était incapable d'envoyer une lettre timbrée à l'effigie de Nelson Mandela jusque dans les limbes. Ils étaient très protestants, les Sud-Africains, même les Zoulous. Ils priaient le Dieu de la Bible King James, et Amatongo, le Seigneur des Ancêtres. Ils avaient les mains jointes dans deux religions. Ils s'habillaient de peaux de zèbre, blanches et noires, c'était bien dans la ligne de leurs dieux. Un Blanc, avec une barbe ; un Noir, glabre.

Ils ne connaissaient pas Yahvé, le Dieu de nos ancêtres à nous, mentionné dans la stèle de Mesha au IXe siècle avant Jésus-Christ, ni les prophètes Amos, Osée et Élie. Je ne les connaissais pas moi-même. Je n'avais ni dieu ni maître, mais un metteur en scène qui me promenait sur une Jeep à Soweto. J'écrivais, j'écrivais : « Papa... » Tout remontait. C'était violent.

Mon père ne m'a jamais battu, jamais touché. Pas une tape, pas une gifle, pas une calotte, pas une fessée. Ma mère, en revanche, brandissait sa pantoufle et me pourchassait dans la cuisine. Elle montait des safaris à la pantoufle. J'esquivais. J'étais un gamin souple, mince, avec un visage de loup. Je me faufilais dans les fougères de la jungle ! En réalité j'allais me réfugier entre les jambes de mon père : là, il ne pouvait plus rien m'arriver.

La lettre est restée dans ma valise. Ma valise a pris l'avion pour Paris, et moi aussi. Je me suis envolé avec mes mots, enfermés dans cette valise heurtée, et ma lettre a été emportée sur le tapis roulant vers l'Airbus qui attendait. Je me suis assis dans l'avion, et l'appareil, dans son ventre, digérait mes mots d'amour à mon père. C'était un long vol : onze heures sur neuf mille kilomètres. Un continent entier en dessous : *Mother Africa*. En bas, il y avait des gens qui se battaient, qui s'aimaient, qui remontaient le Nil ou qui couraient avec le Niger, et moi, j'étais dans un ciel où ? Qui sait ? L'esprit de mon père flottait dans l'éther.

J'arrive à Roissy, je vais voir les amis qui se sont occupés des formalités, je vais au funérarium, il y a peu de monde. Pas eu le temps d'envoyer des faire-part, mais deux rabbins sont là, dans ce cimetière juif. Ils prient.

Quel temps fait-il, en ce mois de décembre ? Je ne sais pas.

Qui est présent ? Je ne sais pas.

Comment les choses se déroulent-elles ? Je ne sais pas.

Car je suis là, mais je ne suis pas là.

Il n'y a pas de testament, pas de réunion, pas de cérémonie. C'est un adieu simple, presque anonyme. À quoi bon, d'ailleurs ? Mon père n'est plus là. Comme me le dira l'un de mes amis : « Il a passé les piquets. »

En attendant que je passe les piquets, moi aussi.

Ma cousine, la fille de Louis et de Yolande, m'accompagne pour aller dans l'appartement de mon père. Nous n'allons pas à la rue des Écoles, domicile qu'il avait abandonné pour aller habiter à Savigny-sur-Orge, à dix-neuf kilomètres de Paris, à vingt-deux kilomètres de la montagne Sainte-Geneviève. C'est là que Chateaubriand avait des amours illicites avec

Pauline de Beaumont, et il rédigea ici son *Génie du christianisme*, génie qui n'a pas présidé à l'enterrement de mon père.

Nous regardons l'appartement. Il n'y a pas grand-chose. Nous allons rue Saint-Charles, à Paris, dans l'appartement où ma mère n'a pas eu le temps de s'installer. Elle est sortie de ce lieu pour entrer à l'hôpital et mourir. Je hais l'appartement de la rue Saint-Charles, maudit. Mais il y a des boîtes, avec des photos, des documents, des petits objets. C'est tout ce qui reste de mes parents : une poignée de lettres et de cartes officielles. L'Administration garde encore une trace, mais pas pour longtemps. Il y a là des cartes de Sécurité sociale, des cartes d'identité, des passeports, tout ce dont on n'a pas besoin pour mourir, mais qui est nécessaire pour être déclaré mort. Le souffle est parti, les yeux sont fermés, mais la vie des bureaux existe encore. Il faudra qu'un employé, quelque part, ferme à jamais le dossier pour que les parents Darmon, enfin, reposent en paix.

Il y a une photo d'Henri Darmon en spahi. Je la regarde avec curiosité. Ce jeune homme que je n'ai pas connu me fixe en noir et blanc, il ressemble à un prince du désert, vêtu d'un burnous que je suppose garance, et d'un sarouel sans doute bleu. Il a un sabre. Il a donc galopé dans les dunes, poursuivi les auteurs de rezzous, marché sous un soleil de plomb, défié la malédiction de l'armée d'Afrique ? Sur la photo, il est à cheval. Oui, je le savais vaguement, mais je suis surpris. Certainement, j'ai dû en entendre parler, au cours des déjeuners de famille. Mais, chez nous, c'est le bruit qui dominait, dans ces repas. Il y avait des rires sonores, des larmes de tristesse, des éclats de voix, des tintements de vaisselle. Tout le monde parlait, personne n'écoutait. Les enfants – dont moi – couraient, on leur intimait l'ordre de manger et de se taire, et chacun monologuait dans une atmosphère de fièvre et de passion. Les verres se heurtaient, les paroles aussi, et les souvenirs défilaient au son des 45-tours posés sur le Teppaz.

De nouveau, des bribes. Devant ces boîtes, je retrouve des fragments de mémoire, dans cet appartement maudit. Oui, je sais que mon père avait trois frères morts aux Dardanelles. Je sais que c'était une fratrie de onze enfants. Je sais que ma grand-mère, Léa Darmon, a eu une vie dure. Je sais...

Comme les pièces d'un puzzle brouillé, je tente de remettre les morceaux de passé en ordre. Cette petite femme, Léa, comment a-t-elle pu élever quatorze enfants, là-bas, en Algérie ? Je la revois, tassée, vive, usée. Elle a vécu à Tiaret, dans cet Atlas meublé de forêts de pins et de cyprès. Puis elle a suivi son mari à Oran, où mon grand-père était greffier près le tribunal. Peut-être est-ce là, au contact de la Loi, que mon père a pris le goût des grandes oraisons ? Dans les boîtes, les parfums se sont évaporés, les papiers se sont émiettés, les vies se sont condensées. Ma cousine me tend des photos de gens que je ne connais pas, des lettres que je ne comprends pas. C'est comme un ensemble sédimentaire : au fil des ans, mon père a enfermé dans ces cubes de carton des morceaux de sa vie, dont il s'est séparé. Il est vrai qu'il a eu plusieurs vies…

Il n'y a pas de journal, pas de notes. Il y a la carte d'ancien combattant, avec la faute d'orthographe. De nouveau, un passé en lambeaux : j'ai entendu dire que mon père avait participé à la Libération de Paris, j'ai su qu'il avait été pris par la Gestapo, qu'il avait été battu. Il en était sorti en loques, et les comptes avaient été soldés, avec le bourreau, quelques années plus tard…

Au début, j'ai du mal à ordonner les informations que contiennent les boîtes. La guerre, les spahis, les certificats de domicile, les bulletins de santé, tout s'emmêle. La Gestapo vient mettre une note noire là-dedans. Mon père, me semble-t-il à ce moment, a vécu une vie en désordre. Ma naissance est un point de repère. Mais c'est un repère mouvant, dans une histoire d'amour à sens unique.

Car l'amour est un flux, forcément. Il y a des courants d'amour, des jets de haine, des vents dominants, des élans d'amitié, des écarts de sentiments. Dès que je suis né, j'ai été pris dans cette histoire croisée, dans ces « love streams » chers à John Cassavetes. J'ai été enveloppé dans ces torrents d'amour que j'ai eu du mal à déchiffrer, car mon père était absent et ma mère n'en parlait pas. J'ai mis des années à déchiffrer ces messages secrets, ces alertes subliminales. C'était comme une bande-son muette dans un film : il y avait les silhouettes sur la pellicule, mais on n'entendait rien, sinon par à-coups. Là, devant ces boîtes, j'ai commencé le lent travail de reconstitution. Le puzzle se mettait en place.

Sur le moment, c'est comme un travail d'archiviste. Je détaille les papiers des boîtes, sans surprise majeure. Il y a quelques articles de journaux – dont un extrait de *France-Soir* : « L'automobiliste avait tombé la veste et rossé son adversaire ». Mon père, bien sûr, prompt à se bagarrer. Un passage devant le juge : « Monsieur le président, cet homme avait fait un mauvais geste devant ma femme et mon fils… » Je souris. Je ne me souviens pas de cet épisode, j'avais huit ans, mais qu'un conducteur malappris ait osé faire un bras d'honneur à Henri Darmon, voilà qui méritait bien un coup de poing dans la gueule. Pas besoin de Moro-Giafferi pour défendre le père de famille outragé. D'ailleurs, il ne cherchait pas la bagarre. Elle venait à lui.

Souvenir : dans les années 1950, un dimanche, mon père est attablé chez Dupont, la grande brasserie de Montparnasse, en train de prendre son petit déjeuner après une nuit agitée. Dupont est une caverne : il y a là-dedans des marins de passage, des couples en goguette, des représentants de commerce. Le bar, immense, est illuminé par des néons rosés. Le sol est couvert, partout, de sciure. Sur la devanture, le slogan clignote en lettres électriques, au-dessus d'une vitrine interminable, la fierté de la maison :

« Chez Dupont, tout est bon ». Les garçons valsent en vitesse, avec des assiettes empilées sur l'avant-bras.

Un Autrichien mange, accompagné d'une femme. Trois imbéciles mal lunés accrochent celle-ci, la rudoient. Tout dégénère très vite. L'Autrichien va se faire casser la gueule. Mon père se lève et va prêter main-forte à l'inconnu. Il se sert de ses poings, mais aussi de sa tête en téflon. Les gars ne demandent pas leur reste. L'un d'entre eux passe à travers la vitrine. L'affaire a été chaude, et se termine avec Police secours. L'inconnu serre la main de mon père.

– Adam Bienenfeld. Merci.

– Henri Darmon.

Une amitié sans fin vient de naître. Ces deux-là, qui n'étaient pas faits pour se rencontrer, échangeront des lettres jusqu'à la mort. Entre Bienenfeld, l'élève des grandes écoles, et Darmon, le gars de la rue, l'affection a été totale. Je me souviens que chaque fois qu'il recevait de ses nouvelles, mon père était heureux. Puis il disait :

– Tu vois, on a cassé la vitrine chez Dupont, quand même.

Et il avait un bon sourire en le disant.

Ça, c'est une histoire qui ne se trouve pas dans les boîtes.

Je n'ouvrirai pas toutes les boîtes. Je les emporterai. Trop d'émotion, sur le moment.

Plus tard, oui. Les boîtes ont été reléguées dans un placard et, parfois, je m'approche, je rôde, je les regarde. Je referme le placard sans les avoir touchées. L'histoire du royaume attendra. J'ai un film à tourner, une pièce à jouer, une femme à entourer, une famille à aimer. La vie arrive en vagues, et les boîtes attendent. Puis, il y a peu, j'en ai ouvert une. Un Polaroïd s'en est échappé. Une image passée d'un homme dans une rue : mon père. La photo était devenue mauve, les contours s'effaçaient, la rue n'était pas identifiable. C'était comme le chat d'*Alice au pays des merveilles* : les formes se gommaient, il ne restait que le sourire. Celui d'Henri Darmon, un sourire mince et ironique.

Pas le genre d'homme à rire aux éclats. Le genre à tromper la mort. Du moins, pendant un moment. Car, finalement, la mort l'a pris.

Il y a des bagues, des bracelets, aussi. De l'or terni. Mon père aimait bien les bagues au petit doigt. Comme celle que Sinatra avait offerte à Sam Giancana : une pierre rose enchâssée dans de l'or blanc. Pour Sinatra, c'était le signe d'un apanage : Ol' Blue Eyes faisait allégeance au king « Momo » Giancana. Il pensait bien faire. Mais Momo riait, en sourdine, et traitait Sinatra de touriste. Dans la Maffia, on ne portait pas de pierre rose. C'était quoi, un béryl ? Un diamant ? Sûrement pas une tourmaline. Un truc de valeur. Finalement, les deux rois étaient morts comme tout le monde. Giancana, d'une balle dans la tête alors qu'il faisait frire des saucisses ; Sinatra, dans son lit, en priant sa mère : « *Mother* ».

C'était un truc de mauvais garçon, la bague au petit doigt, un reste de truanderie. Henri Messaoud Darmon avait le Borsalino et la chevalière : il s'était rangé des voitures et, je crois, vendait du vin. Mais il avait été un apache, un gars à la redresse, un seigneur des bas-fonds. Avant la guerre, il était « Trompe-la-Mort Ier », un roi sans lignée, un self-made roi. Il avait des duègnes, des duchesses, des dames de compagnie. Son empire allait de la place de la Bastille à la rue de Lappe. Pour les vivants, il y avait les bars corses. Pour les morts, le cimetière Montmartre.

La chevalière d'Henri Darmon, je la porte souvent.

Regarde, papa, comme elle brille, ta bague, à ma main.

– 3 –

Spahi, certes. Mon père est monté sur un cheval superbe, il me regarde. Son chèche lui donne l'allure d'un prince du désert. Autrefois, on disait « mamelouk » mais, depuis 1841, les spahis ont gagné leur droit de cité. Dans leurs capes, ils ont rapporté la poésie du désert. Dans leurs yeux, la cruauté des combats. Dans leurs mémoires, l'injustice de la conquête de l'Algérie. Leur colonel, Guillaume Stanislas Marey-Monge, après avoir sabré les « indigènes » à Boufarik et à Oran, eut le temps de traduire en 1848 les poésies d'Abd el-Kader, alors que celui-ci était détenu au château de Pau. Les mots et les chevaux…

Justement, mon père me parlait des chevaux, parfois. Il les préférait aux hommes. Ils étaient plus fiers, plus silencieux, plus élancés. Sur un champ de course ou sur un lieu de bataille, les chevaux faisaient la différence, selon lui. Quand Henri Darmon parlait des équidés, il ne s'attardait pas. Le cheval, c'était la vitesse : il n'était nul besoin d'épiloguer. La qualité d'un mors ou d'un cavalier lui arrachait quelque marque d'admiration. Sans doute se souvenait-il des charges dans le désert, où, avec le deuxième régiment de spahis, il soulevait des nuages de fine poussière dans l'Atlas. Connaissait-il les poèmes d'Abd el-Kader ? Peut-être. « *Je suis Dieu, je suis créature ; je suis seigneur, je suis serviteur ; je suis le trône et la natte qu'on piétine ; je suis l'enfer et l'éternité heureuse ; tout être est mon être ; je suis le Seul, je suis l'Unique.* »

Le simoun portait les incantations de Kader. Le sable garde l'empreinte du cheval de mon père. J'aime à penser que les paysages, là-bas, conservent, mystérieusement, le souvenir des hommes.

Je suis issu du désert.

Mon père ne se vantait pas. La vie était faite pour être vécue, non pour être expliquée. La vieillesse l'a cueilli comme un mauvais coup de vent. Du jour au lendemain, il est devenu cet homme âgé, légèrement voûté, luttant pour rester droit. Quelque chose s'est cassé ; mais quoi ? Il n'avait pas les mots pour le dire. Ma mère était mieux éduquée, plus cultivée. Henri Darmon, socialement, était dépassé par elle. Il avait vécu comme un seigneur de la rue, un aventurier du pavé. Elle avait fait la cuisine, lu des livres, élevé son fils Gérard. Mon père était englouti, à la fin, par l'ombre de ma mère.

Il m'a légué son port de tête, son regard. Elle m'a transmis le bas du visage, la bouche. Il était chauve à trente-cinq ans. Je regarde les photos, dans la boîte, et je vois un homme de trente ans, le sourcil épais, la bouche sensuelle, les cheveux gominés séparés par une raie, dans un costume prince-de-galles souligné par une cravate rayée. Il a l'air sérieux, mon père. Et puis le voilà, sur une autre photo, avec sept de ses camarades en uniforme de biffins, accoudé contre le parapet d'un fleuve. Il est mince, il sourit avec malice tandis que deux troufions, derrière, la clope au bec, s'amusent. Henri Darmon porte un uniforme de drap grossier, des guêtres de cuir, un calot crânement incliné. Peut-être est-il sur les berges de la Seine. Derrière, des marronniers qui se déplument déjà : l'automne arrive. L'été 1930 se termine.

Une autre boîte livre une image : deux jeunes mariés, raides devant une corbeille de fleurs. Il s'empâte déjà, et sa calvitie commence. Elle, sérieuse, appliquée à bien tenir les glaïeuls et les roses, fixe l'objectif. Les cheveux finement permanentés, la traîne soigneusement disposée en méandres devant ses pieds, les sourcils surlignés d'un trait de crayon gras, elle contemple l'appareil photo.

Bizarrement, aucun des deux mariés ne sourit. Ce mariage-là est donc un devoir, une cérémonie administrative ? Les gants, dans la main d'Henri, pendent. Le décor, derrière, représente un couloir. Nulle joie dans ce cliché. Nous ne sommes pas du tout en Alégrie. Pas d'éternité heureuse, ici.

Au dos, une date, 1947.

Un deuxième exemplaire de la photo – la même – porte un tampon : « Maurice Gouzl, Oran ». Et une date plus précise : 15 juin 1947.

Je suis né le 29 février 1948.

Peut-être suis-je déjà dans la photo, invisible.

Sous mes doigts, les clichés défilent. Il y en a peu. Pour la plupart, ils sont en noir et blanc, et les cieux, derrière les gens, sont devenus blafards, avec le temps. Voici deux photos prises à Dinard, en 1956. Henri, en pull, le fume-cigarette à la bouche, marche vers la plage. Sa main est posée sur l'épaule de ma mère, qui impose une petite distance entre eux. Le geste vient de lui, pas d'elle. L'autre photo est un plan rapproché : je distingue le corsage de ma mère, blanc avec des pois ; son collier, en perles colorées ; son pull, une veste épaisse. Elle a un sac à main grand comme une valise, et des lunettes de soleil Sol-Amor. Il n'y a pas de Sol, ce jour-là : le soleil est absent, les promeneurs sont vêtus, certains ont même des impers. Y a-t-il de l'Amor ? Je ne sais pas. Ma mère sourit vaguement, c'est une ébauche de sourire. Mon père tète son fume-cigarette, avec le sérieux d'un tabellion. Je sais ce qui se passe, derrière la gélatine du cliché : ma mère ne supporte pas d'être séparée de moi plus de huit jours. Quand je suis en colo, elle insiste : il faut venir me voir. Elle réussit à convaincre mon père, et tous deux arrivent, pour un bref instant heureux : je vais bien ? Oui. Je mange bien ? Oui. Je m'amuse bien ? Oui, maman. Ils repartent, ma mère est rassurée.

Une autre photographie, à bords dentelés, montre mon père souriant. Il a quarante ans. Il porte un chapeau. L'image sent la pose, mais aussi l'époque. Henri Darmon, là, ne déparerait pas aux côtés du Gabin de *Touchez pas au grisbi*. Il est conforme au cliché du repris de justice des années 1940. Un gars à la redresse, pour sûr...

Sur cet autre cliché, nous sommes tous les trois, saisis par le flash, devant un portail qui ressemble à celui du Palais de Justice. Ma mère est vêtue d'un costume sombre, et porte un chapeau à voilette et des lunettes de myope. Mon père est en costume du dimanche, chaussures brillantes, fleur à la boutonnière. Là, mes parents sourient un peu, mais il n'y a pas de contact entre eux. Mon père me tient par l'épaule. Je suis en culottes courtes, une chaînette entre les doigts, un nœud papillon sur la gorge. Des graffitis, derrière, éclairent le mur sombre ; on distingue un « A » et un « F ». Algérie Française ?

Ou Alégrie Française ?

Le pays ne les lâchera jamais, mes parents. Je souris, sur la photo, comme si on m'avait marché sur le pied. Sourire contraint d'un gamin à qui le photographe a dit : « Fais un effort ». Le tampon nous informe que cette vue a été prise par un L. Kozlowski, à Neuilly.

Une dernière : ma mère, en maillot de bain une pièce, est dans le sable, à côté de mon père dont elle tient les genoux. Lui, en short et chemisette, chapeau fantaisie sur la tête, est resté debout. Et moi, adolescent, bronzé, je pose la main sur l'épaule de ma mère. Ce geste que mon père faisait à Dinard, en 1956, c'est moi qui le fais en 1961. Ça y est, le passage de témoin a lieu, sur cette photo.

Une vieille coupure de presse s'envole, tombe sur le plancher. Je la ramasse. C'est celle qui relate l'incident du « rossage » de l'automobiliste inconvenant. « *Paris, 8 février 1955. Une petite scène de la rue comme il s'en passe trop souvent entre automobilistes a valu à deux d'entre eux, M. Henri Darmon, 45 ans, et M. Raymond Périer, chauffeur au service de l'entreprise "FranceLait" de Saint-Martin-Belle-Roche (Saône-et-Loire), de répondre devant la seizième chambre correctionnelle de Paris de coups et blessures réciproques. Le premier a été condamné à 10 000 francs d'amende, le second à 8 000 francs. Les faits se sont passés rue Rambuteau, dans le quartier des Halles, Raymond Périer ayant voulu doubler dans sa camionnette, dans cette rue en sens unique, la 4 CV dans laquelle avaient pris place Henri Darmon, sa femme et son beau-frère âgé de 15 ans... "Descends, si tu es un homme !" intima Périer à Darmon. "On va s'expliquer !"* »

Ils se sont expliqués.

Punition : 10 000 francs, soit, en monnaie 2014, 213 euros.

Comme l'écrit le journaliste : « Le juge est bon enfant. »

Je referme la boîte, sur l'image de mon père souriant devant un stand d'une foire aux vins. Il est photographié par le studio J. M. Lucas, 20, rue des Fabricants à Roubaix. Il pose devant des bouteilles de muscat, sous l'enseigne de La Palmeraie, dont le siège se trouve 15, place de la Madeleine à Paris. Aujourd'hui, c'est un institut capillaire, situé entre le restaurant L'Écluse (bar à vin) et le magasin Prunier, « producteur de caviar français ». L'Écluse porte une indication, sur la marquise : « Depuis 1978 ». Doit-on en déduire qu'avant, le bistro se nommait La Palmeraie ?

Mon père, en veste blanche, s'appuie sur le stand n° 1217, et un panneau invite le chaland à venir goûter le muscat d'Oran : « Dégustez... » Neuf collaborateurs, regroupés, sourient. La seule jeune fille de l'équipe, bien en vue dans son chemisier à fleurs, est juste derrière mon père. Dégustons...

Je glisse les photos dans une chemise cartonnée de la marque Forever. C'est peut-être un signe, ce *forever* qui signifie « à jamais ».

La boîte aux souvenirs est refermée.

*

Mon père me prédisait une calvitie précoce, comme lui. Je lui répondais : « Nous verrons bien, papa, nous verrons bien. » Il se trompait. Il s'est souvent trompé, papa. Il attribuait cette désertion des cheveux à la présence du casque qu'il avait porté dans l'armée. Son crâne me semblait dur comme fer. Quand il enlevait son chapeau, il montrait ses rares cheveux épars, oigneusement peignés en arrière, et quelques cicatrices zébraient le cuir qui n'était plus chevelu du tout. Il portait ces marques avec insouciance, balafres d'un temps où il était bagarreur. Il l'était resté. Je me souviens de l'avoir vu rentrer avec une dent plantée dans le front. Il venait de donner un coup de tête à un type, et il n'y avait pas eu de juge pour être « bon enfant ». Le fâcheux avait simplement eu droit à des jaquettes sur ses incisives.

C'était l'une de mes hantises d'enfant. Nous allions dans des foires, des fêtes foraines, parfois des réunions ou des bals. Dès qu'il y avait du monde, un attroupement, je savais que les choses pouvaient déraper d'un instant à l'autre. Le coup de poing, la veste tombée, la bagarre, tout pouvait péter. Henri Darmon était enveloppé d'une nuée de menace tempérée par une discrétion naturelle. Il ne cherchait pas l'affrontement mais toute son attitude disait : « Faites gaffe. » Et les gens faisaient gaffe devant ce roi en Borsalino, flanqué d'un page maigre qui était son fils. Il avait une majesté humaine. On sentait sa bonté, à travers sa dignité. C'était un autre temps.

Le temps, voilà ce qui nous a manqué, à tous les deux. C'est ainsi que je le formulais, dans ma lettre non envoyée. « Papa, nous avons manqué de temps », oui. Il vendait du vin, je faisais mes premiers pas sur scène ou bien j'allais cueillir des oranges en Israël avec les mélodies de Van Heusen et de Cahn en tête. Sammy

Cahn écrivait les musiques de Sinatra et allait jouer au golf. Jimmy Van Heusen, lui, faisait le maquereau, et ramenait des filles : « Vous voulez passer la nuit avec Frank ? Venez. » Et Frank avait droit à un air de flûte enchantée immédiatement, en guise de cadeau de bienvenue à Las Vegas.

Blue Moon me suivait partout. *Pennies from Heaven* retentissait dans ma tête. *Night and Day* m'accompagnait partout. *It Was a Very Good Year* était mon favori. Le temps passait, et mon père était absent. Finalement, j'ai passé plus de temps avec Frankie qu'avec Henri.

Celui-ci était présent par à-coups.

C'était une paternité en hoquets.

Il allait, il venait, il repartait. J'avais une mère bicéphale – la mienne et sa sœur – et un père par intervalles. Déséquilibre... Quelles traces ce débalancement a-t-il laissées en moi ? Je ne sais pas. Je suis rétif à toute forme d'analyse, à toute espèce de psycho-voyage. Je projette mes peurs, mes états d'âme, mes bonheurs, sur la scène ou sur l'écran. Je ne dissèque pas.

Pourtant, la tentation est là, ce livre en est la preuve. Ainsi, j'ai rencontré une amie psy, et nous avons parlé, récemment, de mon emphysème. Peu à peu, la pelote s'est dévidée : je lui ai confié des choses intimes, j'ai raconté les arrière-cours de ma mémoire... Je me suis surpris moi-même. Pourtant, les analysés me tapent sur les nerfs. Les analysants, encore plus. Une amie est passée par là : je l'ai mal vécu. Elle a été captée par un psy qui se prenait pour Victor Marx et Karl Hugo, ou le contraire. Cela tient de la bouffonnerie et du guignol...

Ce déséquilibre entre mes parents, dans ma vie, était brumeux. Je le vivais comme une donnée de base. Il n'y avait pas lieu de s'en étonner, c'était comme ça. La mère était très présente, le père était assez distant. Les flux d'amour, là, étaient différents, en intensité. Ils étaient comme la radio des années 1950 : il y avait les grandes ondes et les petites ondes. Je naviguais entre les deux, en m'ennuyant à l'école. Il y avait le muscat de mon père et la pantoufle de ma mère. J'avais les yeux tristes de celui-ci et le sourire de celle-là. J'aimais Ava Gardner, mais elle était à Frank, pour toujours, *forever*.

Et cette absence de mon père est devenue un trou béant quand il est mort. Il n'est plus resté, alors, que ces abysses où s'engouffraient tous les souvenirs d'une vie qui était si peu la mienne. Si peu… La Palmeraie, les chevaux des spahis, les lunettes noires de Dinard, les gants dans la main de mon père, le Borsalino, tout était jeté, désormais, dans la nuit. Mon père avait « passé les piquets » et, en revenant d'Afrique du Sud, je savais qu'il ne restait rien, sinon un immense vide.

Ma mère décédée, mon père enterré, la situation changeait. J'étais désormais le chef de la famille, au premier plan. Je pouvais m'asseoir à la tête de la table, et intimer aux enfants l'ordre de se taire et de manger – ce que je ne faisais pas. Je pouvais signer au nom de la communauté des Darmon – ce qui ne me chantait pas. J'étais le récipiendaire de l'héritage familial – mais il n'y avait rien, sinon le sang de nos veines. J'étais loin de l'Algérie de nos ancêtres, un roi sans couronne.

Je n'ai pas de frère, pas de sœur, juste une cousine. C'est une royauté maigre.

L'image que je garde de mon père est floue. Il arrive parfois dans ma tête, comme un son lointain, et il repart, s'efface à l'horizon. Les dernières années de la vie d'Henri Darmon, nous nous voyions plus souvent. Il ne se confiait pas, cependant. Il était mutique. Mais il était content d'être avec son fils, en silence. Il reportait sur moi les responsabilités et les décisions. Un jour, je me suis aperçu que j'étais devenu le père de mon père.

À la fin de sa vie, Henri Darmon a ouvert la bouche un peu plus souvent. Il me racontait les mêmes histoires, en boucle. Il brodait un peu, un détail par-ci, un détail par-là. C'était comme un jeu. Je l'ai emmené faubourg Montmartre, au-delà de la cité Bergère, plus loin que les Folies, nous avons pénétré dans son ancien terrain de chasse, dans ce pays qu'il avait arpenté, le Borsalino sur l'œil, le costume soigneusement repassé sur le dos. L'ancien seigneur rêvait avec son fils dans une contrée qu'il ne reconnaissait plus. D'anciennes maisons avaient été abattues, les bistrots avaient été repris par des Albanais ou des Africains, les femmes n'avaient plus de cabas en toile cirée, les marchandes de quat' saisons exposaient des fruits exotiques sur leurs étals. Seuls les joueurs de bonneteau étaient restés, prompts à faire disparaître les euros des gogos. Des sex-shops indiquaient la direction de Pigalle. Le Sacré-Cœur montait la garde. Peut-on voir Oran, de là-haut ?

Mais mon père était enveloppé d'une cape de chagrin. Depuis la mort de ma mère, il avançait dans la vie à reculons. Il n'avait plus envie. Elle était partie, il était seul, et cette solitude transformait son visage. Nous marchions dans Paris, et j'espérais que ces rues, ces portes, ces façades, ces passants lui redonneraient le goût de vivre.

L'âge le faisait patauger, par brefs instants, dans la sensiblerie. C'était nouveau. Jamais mon père n'avait été adepte du pathos. Le mélo, c'était bon pour les films. Pas pour Abd el-Kader. Le spahi ne pleurait pas, ne s'appesantissait pas. Il laissait son cheval hennir.

Mais là, une vie était passée. Il n'était plus dur comme du roc. Il ne pouvait plus revenir à la maison avec une couronne de dents plantées dans son front. Il me parlait, comme il ne m'avait jamais parlé. Il ne me racontait pas tout, loin de là. Simplement, des mots s'échappaient de sa bouche, et c'était déjà un petit miracle. Il me demandait : « Qu'est-ce que je vais devenir ? » Je lui répondais : « Sans maman ? Tu continueras. » Je le fustigeais. Il ne pensait donc qu'à lui-même ?

Avant de mourir, ma mère m'avait écrit une lettre terrible.

Terrible. Au début de l'année – elle est partie en mars –, elle avait aligné des mots sur le papier. Comment ce papier n'avait-il pas été consumé, réduit en cendres, par sa plume, je ne sais pas. Il y avait une tristesse brûlante, là-dedans, mêlée à une rage que je ne connaissais pas. C'était à la fois un testament, un appel aux armes, une démission, une confession, un réquisitoire. Je l'avais lue avec les mains tremblantes, cette lettre.

Elle me disait : « J'ai gâché ma vie. » Elle faisait partie d'une génération, d'une époque où les femmes ne divorçaient pas, où les couples restaient couples, par vents et marées. L'amour pouvait s'évaporer, l'affection se muer en haine, la tendresse en déplaisir, on restait. On cassait de la vaisselle, voilà tout. La vaisselle pouvait être recollée, les mariages ne se décollaient pas. On se mariait pour le meilleur et pour le pire, et, après quelques années, il ne restait que le pire. L'amour, disait le prince Salina dans *Le Guépard*, c'est deux ans de brasier et trente ans de cendres.

Dans le cas de mes parents, où était ce brasier ? Avait-il seulement eu lieu ?

Elle continuait : « Ton père ne m'a jamais rien apporté. » Cinquante ans de vie commune… Où était l'amour, dans tout ça ? Mais moi, je sais.

Oui, je sais, ma mère n'a pas été heureuse.

Et pourtant si, elle a été heureuse. Mais par bouffées, par instants. C'était comme un message secret en morse : il y avait des brèves et des longues, des moments de vie mélancolique, et des éclats de lumière. Elle n'avait pas éprouvé le coup de foudre, la flamme de la passion, mais elle avait, avec mon père, des blocs de tendresse, des jours de complicité. Là, sa tristesse s'évaporait comme une buée sur la terre chaude, et elle souriait. Ses yeux bleus, si bleus, avaient alors un éclat que je garde avec moi.

Le bonheur la fuyait, mais elle le rattrapait en riant, et le gardait près d'elle et près de nous, ne serait-ce qu'un moment.

Elle s'est inventée elle-même. Elle est partie de rien, du désert. Elle est devenue cette femme aux lunettes noires sur la plage de Dinard. Tout ce qu'elle a appris, elle l'a appris seule. Ce fils qui est acteur aujourd'hui, elle l'a eu seule.

Mon père et ma mère n'avaient rien en commun.

Leur mariage a été semblable à une figure géométrique : une ligne droite qui frôle un cercle. Une tangente. C'est un point de contact bref, dont les deux figures s'éloignent instantanément.

Quand elle est morte, ma mère a pris la tangente, la vraie. Mais elle l'avait prise, en réalité, depuis un demi-siècle.

– 4 –

Quel mariage étrange ! Ils n'avaient ni la même culture, ni la même éducation, ni les mêmes centres d'intérêt, ni les mêmes aspirations. Ils ne partageaient que le Sud, le goût du couscous et leur enfant. Ils ont égrené les années ensemble, pourtant. Henri et Viviane, mariés en 1947, séparés en 1996 par la mort. C'est long, pour un malentendu.

Ensemble, mais pas ensemble.

Mariés, si peu…

Mais ensemble quand même.

Dans les premières années, mes parents ont eu une vie facile : mon père était sur les routes, à vendre son muscat, à gagner de l'argent, à faire vivre sa famille. Les occasions de friction étaient rares. Il conduisait sa Juva 4 avec ses échantillons de vins, vers Niort ou Sète, passait de brefs coups de téléphone – dans les années 1950, un appel « interurbain » était une aventure, et les « demoiselles du téléphone » étaient souvent peu amènes, avec leurs fiches en main. La distance a donc préservé une certaine harmonie de façade. Ma mère, qui était alors mère de famille, femme au foyer, était totalement dépendante de ce fantôme qui se promenait quelque part dans le royaume, et qui faisait goûter ses bouteilles à droite et à gauche, dans des foires et des estaminets. J'aurais aimé penser qu'il était en mission. Enfant, j'ignorais que ses missions s'étaient achevées avec la Libération. La guerre me paraissait une affaire du passé, ancienne, souvenir d'un âge des ténèbres, bien avant ma naissance.

Ma mère survivait dans ce Paris sombre de l'après-guerre, où les murs portaient la marque des combats, où la « crise du logement » éparpillait les familles, où les rues encore pavées chuintaient sous les pneus des Traction Avant, et où les autobus à plate-forme embarquaient des employés à serviette de cuir bouilli et des écoliers en retard pour le cours de mathématiques. Ma mère était mal.

Elle était dans une ville qui ne lui plaisait pas, dans un appartement qui ne lui plaisait pas, dans un environnement qui ne lui plaisait pas, dans un mode de vie qui ne lui plaisait pas. Rien ne lui plaisait. Elle avait épousé Henri Darmon par dépit et par défaut. L'amour n'était pas compris dans le bagage.

Ma mère n'a jamais été amoureuse de mon père.

Mais elle l'a aimé, à sa manière.

Elle avait perdu sa mère – cette grand-mère maternelle que je n'ai pas connue – quand elle avait vingt ans. La mère de ma mère a fermé les yeux là où elle les avait ouverts : dans sa ville d'Aïn El Arba, à soixante-dix kilomètres d'Oran. C'est au bord de la Méditerranée et du Sahel oranais : le vent de la mer et le simoun de la montagne s'y croisent. Les peuples aussi : Phéniciens, Romains, Bédouins, ce petit point à gauche de la carte de l'Algérie a vu passer tous les colonisateurs. L'une des pierres qui ont servi à l'établissement de la ville sous le règne de l'empereur Hadrien, en l'an 119 après Jésus-Christ, a, dit-on, été intégrée à la construction de l'église… Mais les empereurs romains sont morts, ils n'étaient que des héros de glaise. Ma grand-mère était la vraie princesse d'Aïn El Arba : la famille a toujours été là, elle sera toujours là, dans l'odeur des cyprès, le parfum du désert et les brouillards du matin, dans lequel volettent les âmes légères des morts. Hadrien n'en fait pas partie.

La royauté de ma grand-mère était absolue, celle du César romain, partielle. Face au désert, ne survivent que les âmes fortes.

Charles, mon grand-père maternel, était cordonnier et rabbin. Il ressemelait les chaussures et ravaudait la foi de ses ouailles, quand celle-ci vacillait. Yahvé, comme une ombre bienfaisante, planait sur ces vies en lisière des sables. La bienveillance des prophètes ombrait tout. Les rabbins n'étaient pas rémunérés : Hillel l'Ancien, au temps d'Hérode, était bûcheron ; Hanina et Oshaya, au temps de Babylone, furent cordonnier et porteur d'eau. Mon grand-père travaillait les babouches, martelait les talons, formait le cuir. Il se soumettait à la volonté du Dieu d'Israël, en portant conseil et en observant la Torah.

Son épouse était une femme forte.

Elle est morte le matin, avant que ses enfants ne se réveillent. Tandis qu'elle préparait le repas de l'aube, son torchon s'était mis à brûler. Pour éviter de réveiller la maisonnée, elle tenta de l'éteindre, mais les flammes se propagèrent sur sa blouse. Elle flamba. Elle tomba.

Sévèrement brûlée, elle s'alita. La mort intervint huit jours après. Huit longs jours de souffrance…

Je hais le feu. Il fait partie de mes peurs profondes.

Ma mère, née en 1924, a vingt ans alors. Son père, désormais veuf, se retrouve avec quatre filles à élever, et un fils encore jeune. La sœur de ma grand-mère, Julie, vient aider, et prend en charge les enfants. Le cordonnier peut continuer à exercer son métier – et sa mission. Mais cette mort, atroce, pèse sur l'esprit de ma mère. Malgré ses vingt ans, elle n'est encore qu'une enfant. Elle sombre, elle sombre. À Aïn El Arba, il n'y a pas de psychothérapeutes, pas de docteurs de l'esprit. La ville est aux marches de la France : les colons cultivent la vigne, vaquent à leurs affaires en canotier, et, sur les photos anciennes, on les voit, la canne à la main, sur la grand-rue d'Aïn El Arba, entourés d'enturbannés. La gare, non loin, dégorge des marchandises modernes, même des automobiles. Mais tout est rudimentaire, les soins comme les services. Un médecin, appelé en consultation, émet une sentence brutale :

– Si votre fille ne se marie pas, elle va devenir folle.

Le traitement préconisé est dur : il s'agit de changer de vie, de vaincre les démons de la démence par l'accomplissement du destin de femme. Il faut jeter cette jeune fille dans le lit d'un homme.

La guerre, en Europe, s'achève. Les Allemands reculent, à l'intérieur de leurs frontières. Paris a été libéré, et, dans le XIVe arrondissement, Henri Darmon s'est distingué. Hitler lance ses derniers fidèles et ses troupes d'adolescents sous le feu des Alliés. L'Armée rouge traverse la Pologne, laissant les nazis carboniser les résistants. Von Rundstedt a été vaincu, avec ses panzers, dans les Ardennes. L'Allemagne va souffrir, comme elle a fait souffrir. Pendant ce temps, dans l'Oranais, les troupes de l'État français, restées fidèles à Vichy, ont été battues par les Alliés. Dans l'est de l'Algérie, des lynchages de Blancs ont lieu, et c'est une autre guerre qui commence. Ferhat Abbas prépare son entrée sur la scène politique. Les Juifs d'Algérie, eux, ont été déchus de leur nationalité française.

Peu importe : les enfants du Sahel oranais traversent l'Histoire, et survivent. Ils sont portés par l'éternité, qui leur vient du désert.

La guerre, c'est loin. Ma mère doit livrer sa guerre intime, avec elle-même. Elle la livrera toute sa vie, jusqu'à cette lettre où elle avoue que le bonheur n'a pas été pour elle.

On connaît « l'humeur noire » des femmes, dans ce pays aride. Elles se laissent sécher sur pied, elles meurent à petit feu, elles se replient sur les cendres de leur âme, et, au fil des ans, se transforment en ces statues nonagénaires qu'on installe sur une chaise, au soleil, devant leur maison. À vingt ans, c'est un sort qui ressemble à une damnation ; le médecin, donc, indique la cure.

Un mari.

Tante Julie, couturière, a une petite équipe de cousettes qui assemblent des chemises, brodent des djellabas, préparent des gilets, taillent des pantalons. Avec son atelier, elle gagne sa vie en restant dans la tradition du schmattes[1] : l'exil d'Espagne, il y a quelques siècles, n'a laissé aux petits Juifs que la possibilité de l'artisanat. Parmi les cousettes de tante Julie, il y a l'une des sœurs de mon père. Tandis que les aiguilles courent sur le tissu, les conversations vont bon train. On parle des voisins, on évoque la famille, on se donne des nouvelles. La monotonie des ourlets favorise la gaîté des bavardages.

Le mari de tante Julie travaille, lui, aux Cent Mille Chemises à Oran. C'est une enseigne importante : créée à la fin du XIXe siècle, elle a prospéré. Des centaines de magasins, dans toute la France et la Belgique, proposent des cols empesés et des poignets mousquetaires au chaland élégant. Cent mille chemises ! Pensez ! Inimaginable ! Dire que c'est un architecte qui a connu Marcel Proust, Charles Adda, qui

1. « Chiffons » en yiddish. S'applique aux métiers du tissu : tailleurs, couturiers, confection…

a dessiné les plans du magasin ! Peu de gens savent qui est Proust, mais quand même... Travailler aux Cent Mille Chemises, c'est important, socialement. Ainsi, Julie et son mari sont des personnalités.

Il s'agit de trouver un mari pour la neurasthénique.

Au cours des conversations, l'employée de tante Julie parle de son frère, au loin.

– Il aimerait bien venir de Paris pour épouser une de chez nous.

Elle apporte une photo d'Henri Darmon. Une photo où il est à son avantage, cela va de soi. Élégant, bien sûr. Tante Julie, elle, donne une photo de Viviane, la princesse neurasthénique. C'est un échange : tout se fait, pour l'instant, sans le consentement ni même l'agrément des photographiés. Mille quatre cent kilomètres les séparent. Mais qu'est-ce que la distance ? Il y a les « divins oiseaux du cœur », et ceux-ci peuvent aller au bout du monde.

Oui, mais le cœur n'a rien à voir, pour l'instant. Les deux photos sont comme des cartes à jouer. On les regarde, on les abat, on les troque, sans aucune assurance. C'est un simple échange de bons procédés, un arrangement.

On propose alors une rencontre.

Henri vient de Paris, Viviane d'Aïn El Arba. Il arrive du Nord, elle monte du Sud. Entre eux, il y a une mer, quatorze années de différence d'âge, et un déséquilibre. Il est celui qui a déjà un poids de vie, un passé dans lequel s'insère une guerre. Elle n'a rien connu d'autre que les cris des vendeuses dans les rues de la ville, le soleil rouge qui écrase les maisons, et, au loin, les toits d'Oran. Sa mélancolie noire englue toute sa vie. Si elle demeure dans cet état, elle se desséchera sous le souffle du levêche, le vent du Sud qui traverse le détroit de Gibraltar et qui, selon *Les Vies des Saints composées sur ce qui nous est resté de plus authentique & de plus assuré dans leur Histoire*, le livre d'Adrien Baillet publié « avec privilège du Roi » en 1739, est un « vent outragé ».

Ma mère a échappé à l'emprise du levêche, grâce à tante Julie.

Ils se rencontrent à Oran, Viviane et Henri. Probablement, selon les lois des mariages arrangés traditionnels, en présence de la famille de la future et de la famille du prétendant. Je les imagine, dans un salon silencieux. Dehors, il fait une chaleur d'enfer. Dedans, une certaine fraîcheur règne, due à l'ombre et aux courants d'air. Mon père, venu en train et en bateau, a passé une semaine sur la route. Ma mère, la tête baissée, le regard timide, a suivi l'injonction de tante Julie et de son rabbin de père. Tout le monde est apprêté, endimanché. Tante Julie comme Viviane, Henri comme sa sœur. La distance entre les deux futurs fiancés est grande : question de convenances. Il la regarde discrètement, jauge cette jeune femme, dont la fraîcheur est ternie par une langueur indéfinissable. Elle, sous sa voilette, n'ose pas trop, mais elle regarde quand même. Les phrases de courtoise sont prononcées. Les rituels sont observés. Ceux de la bourgeoisie de l'époque, et ceux de la tradition religieuse, le chidoukh. Quand la jeune fille s'est retirée, que le prétendant est sorti, les familles se lancent dans le dialogue constructif : quelles sont les ressources possibles, combien d'enfants, quelles origines, quelle observance religieuse et, sans doute, quelle dot. Avant de se marier « devant l'Éternel et la communauté d'Israël », il convient de tout préciser.

Puis trois mois – délai obligatoire – se sont écoulés. Le rabbin – sans doute mon grand-père – a été visité trois fois. Des explications sur la pureté ont été fournies : ce sont les mêmes depuis la nuit des temps. Il y aura un bain rituel, pour l'épousée, et, juste avant la cérémonie, la soirée du henné.

Je vois ma mère, ce soir-là, avec les mains soigneusement ornées d'arabesques tracées au pinceau de poils de chèvre.

Mais elle me le dira, des années plus tard :

– Je ne l'ai pas aimé.

Puis, après un silence, elle ajoutera :

– Mais j'ai eu une vraie tendresse.

C'est un amour qui ressemble aux décorations des moucharabiehs : on suit du doigt une ligne, elle sinue, elle émerge, elle se perd, elle revient, puis on la perd définitivement. Il y a quelque chose d'oriental dans le dessin de ce manque d'amour où l'amour, par intervalles, se glisse comme un invité inattendu.

Henri Darmon arrivait de la Bastille. Il était le roi du caniveau, Trompe-la-Mort Ier, aussi nommé Riquet-de-la-Bastille, avec sa cour d'odalisques et son entourage d'apaches. Il avait connu la chair de la femme. Viviane, elle, venait de nulle part. De l'amour, elle ne savait que ce que les poèmes du *Cantique des Cantiques* pouvaient en dire : « Ma palombe aux fentes du rocher, au secret de la marche, fais-moi voir ta vue, fais-moi entendre ta voix ! » ou « Mon amant à moi, et moi à lui, le pâtre au lotus ». Mais elle était Viviane du Désert, nimbée des esprits de djinns et des fantômes de l'Atlas. Il venait de la rue de Lappe, elle sortait de la wilaya de Temouchent. Il avait l'air de Paname dans ses poumons, elle était caressée par les courants d'air des oueds du lac d'Oran. À Paris, les pavés sont gris de grès. À Aïn El Arba, la terre est rouge.

En 1944, les enfants jouaient sur la place d'Aïn El Arba, devant une fontaine en obélisque. Une gloriette blanche abritait l'orphéon local et, dans le prolongement, une église banale – qui existe toujours – dressait un clocher devant des barrières blanches. En 1944, la Bastille était un lacis de rues populaires, où des caf' conc' exhalaient des airs d'accordéon et où les petites bonnes de la rue de la Roquette rêvaient de trouver un beau mari américain. Deux mondes se faisaient face, à Oran.

Comme je l'ai dit, c'est une histoire de tangence.

Je ne sais pas grand-chose de la vie de mon père, avant ma naissance. Ni après, d'ailleurs. Mais je gagerais bien qu'il connaissait toutes les petites lorettes de Paris. Il était beau garçon, libre, et sans attaches.

J'essaie de me représenter cet homme un peu sévère, assez sûr de lui, forgé par des bagarres sans fin et des combats meurtriers, face à une petite vierge d'Aïn El Arba. Il a traversé la mer pour la rencontrer, sur un paquebot dont la fumée a été portée vers le Nord. Il est allé a contrario, vers le bas de la carte.

Le Sud l'appelle.

Elle ne sait pas ce qu'est la vie. Elle a vécu ces vingt années dans le giron d'une famille juive sépharade, refermée sur un monde clos, à peine effleurée par les soubresauts de l'Histoire. Elle veut devenir institutrice, dit-elle sans conviction. Elle a les yeux bleus. Elle est jolie. Henri Darmon est aspiré par *ces* yeux bleus, il pourrait se noyer dedans. Il sent déjà ce corps intouché, il respire l'odeur de jasmin qu'elle dégage, il ne peut que désirer cette femme-fille, cette fleur que nul homme n'a même effleurée. Voilà qui le change des odalisques de la nuit de Montmartre, où il traînait parfois, des marcheuses de la rue Lepic, des horizontales baignées de patchouli qui remettent leurs bas fripés le matin. Il ne connaît que des délurées, et voici qu'on lui offre une pucelle. Il s'efforce de ne pas montrer son impatience. Il ne dit rien de son surnom secret. Personne ne saura qu'il se nomme Trompe-la-Mort. Il est juste un honnête commerçant qui essaie de gagner sa vie, et qui habite quelque part derrière la gare Montparnasse. Nul ne sait, à Aïn El Arba que, derrière les voies de chemin de fer, il y a Le Sphinx, le bordel le plus célèbre de Paris – qui va fermer bientôt, sous les injonctions d'une ancienne prostituée confite en dévotion, Marthe Richard. Nul n'a été à Montparnasse, où se trouve la rue de la Gaîté, la bien-nommée, où tous les marins bretons viennent tirer une bordée.

Henri Darmon parle à la famille de sa future en gardant les mains sur les genoux. Il est respectueux. Il est fasciné par les yeux bleus de Viviane.

Il parle de Paris. C'est une belle ville, dit-il. Ce qu'il ne dit pas, car il n'a pas les mots, c'est la foule joyeuse de La Coupole où, dans ces années d'après-guerre, toute une population de gens perdus se retrouve pour un verre de bière.

En face, le marchand de journaux internationaux vend des gazettes turques, polonaises, même allemandes. Baumann, le grand fleuriste dont la devanture colossale est envahie par une forêt tropicale, fait rêver les amoureux. Le matin, boulevard Raspail, le lait est livré par une voiture à chevaux, et certaines rues sont encore pavées de bois. Montparnasse est encore un village de province, mais un village cosmopolite, coloré, bruyant, savoureux.

Henri Darmon a gagné ses galons de résistant dans les rues près du cimetière Montparnasse.

Bien sûr, la famille de Viviane est toute prête à accepter ce futur gendre, qui présente bien. Personne ne va dire que la jeune fille a été amoureuse, déjà. C'est un secret.

L'ironie de l'histoire, c'est que son amoureux se nommait, lui aussi, Darmon.

Le grand-père, le rabbin cordonnier, avait opposé son veto. Qui était ce Darmon retoqué ?

Un jeune homme, sûrement sans avenir. Ou trop jeune. Juif, bien sûr. Mais une chose était certaine : Viviane était restée vierge. Même pas un baiser, même pas une caresse ; juste des paroles qui mettaient le feu aux joues… La règle était d'airain : il fallait que le futur soit agréé par la famille. Darmon 1 n'avait pas été agréé. Place à Darmon 2.

Dans les deux cas, je me serais nommé Darmon.

Le mariage était une drôle d'affaire. L'amour n'entrait pas dans l'équation, ou si peu. Combien de fois, dans ma jeunesse, ai-je entendu la phrase fatale :

– Trouve-toi une petite de chez nous.

Mais j'avais ma boussole amoureuse à moi. Je me suis trouvé une petite qui n'était pas de chez nous. Évidemment. Mes parents n'ont pas connu Christine, ma femme actuelle, que Viviane aurait adorée. Mais ils ont connu mes deux filles, Virginie et Sarah. Jules, mon fils, est arrivé trop tard. Tous ces flux d'amour, de chez nous ou non, ont modelé ma vie. L'amour a été le pivot, le pilier central.

Le mariage de mes parents a été sans amour. Certes, Henri était séduit par cette jeune fille au regard baissé. Elle apprendrait à l'aimer. Il était prêt à lui dire, en dialecte oranais : *rwahi*, « viens ici ».

Elle est venue. Elle était une page blanche. Il allait tout y écrire.

*

Peu de temps avant sa mort, la langue de mon père s'est déliée. Un peu. Et, quand il a « passé les piquets », seules sont demeurées les maigres archives dans les boîtes. La mort l'a transformé. Il était cet homme lointain, avec ses secrets et son autorité. Parti, il est devenu un étranger que j'ai voulu connaître. Sa disparition a aiguillonné ma curiosité. Il est parti avec sa mémoire. J'ai eu envie de plonger dans ces années d'antan, pour connaître cet Henri Darmon qui avait précédé Henri Darmon papa.

Entre la mort de mon père et ce livre, vingt ans se sont écoulés. Peu à peu, un autre personnage s'est construit, dans ma tête. Plus riche, plus contradictoire, plus déchiré, aussi. La mort de mon père l'a rendu plus proche de moi. Nous avons pris l'habitude de nous parler.

Sa présence est devenue plus affectueuse, plus amène. Son fantôme m'accompagne, chaque jour de ma vie. J'ai cherché dans mes souvenirs, j'ai cherché dans ma vie. Il m'est revenu des promenades, des vacances, des ambiances, des humeurs, des images. Il ne m'a rien laissé d'autre qu'un héritage de mots, mots rares, mots parfois oubliés.

Henri Darmon ne m'a légué ni sagesse ni malédiction. Il m'a transmis un peu d'argent, une somme dont j'ai été étonné. Il m'a laissé, surtout, la notion d'une royauté impalpable. Celle-ci a été authentifiée, dans mon souvenir, le jour où il est rentré avec une dent plantée dans le crâne. C'était l'étoile au front.

L'argent qui m'est ainsi tombé dans les mains a signé ma mauvaise conscience : il a servi à payer mes dettes et mon retard d'impôts. Il a été dévoré par mon incurie. Je m'en suis voulu. J'ai eu le sentiment de dilapider les économies d'une vie. J'en ai été rongé. Je me suis tourné vers le fantôme de ma mère. Je la voyais me disant :

– Ne t'inquiète pas, mon fils. C'est normal.

J'ai payé.

Mauvais fils. Les dents me grincent, rien que d'y penser.

– 5 –

Je n'ai jamais été là aux grandes dates, c'est comme un rendez-vous avec le destin. J'étais à Nantes quand ma mère est morte ; j'étais à Fort-de-France quand tante Yolande est partie ; et en Afrique à la disparition de mon père. C'est comme s'ils avaient voulu me protéger de la mort. Dès que j'ai le dos tourné, ils s'en vont, avec l'élégance d'enfants du désert.

La rue Saint-Charles est une artère droite, bête, qui va du périphérique porte Balard au métro aérien Bir-Hakeim. On y croise des artisans, des bureaucrates, des Chinois, et surtout la « rue du Théâtre », dont j'aime le nom. Je crois aux signes. Et cette rue du Théâtre, qui devait son appellation au théâtre Grenelle où joua l'immense Frédérick Lemaître en 1871, me faisait signe. Curieusement, après avoir été un cinéma, la salle est devenue, aujourd'hui, le lieu de culte des Ismaéliens. C'est là que sont adressées les prières à l'Unique, « qui a créé le ciel sans colonnes ».

Mon père gisait là, dans ce lieu froid et sans âme. Il y avait vécu les neuf derniers mois de sa vie, après la disparition de Viviane. Sa mort l'avait transformé en fantôme encombrant. Lui qui avait passé toute sa vie sur les routes, qui avait été un époux à intervalles, d'un seul coup se muait en accompagnateur permanent. J'avais la photo du spahi sur mon bureau.

Des moments remontaient. Ces dimanches bruyants, autour de la table, auxquels je ne prêtais pas attention, revenaient, comme des éclats d'un bonheur disparu. Je me revoyais aussi dans la voiture, à l'arrière, écoutant les paroles de mes parents, en attendant que le rouge passe au vert. J'entendais ma mère disant :

– Henri, tu vas encore raconter… ça fait dix fois que tu l'as raconté !

Raconter quoi ? Henri Darmon n'était pas un fabuliste ni un conteur. Il portait un silence en lui. Les Allemands n'avaient pas réussi à le faire parler. Il n'allait pas déballer toute sa vie sur la banquette d'une Simca P 60. Ce qui me fascinait, c'étaient les variations. Ma mère pouvait monter dans l'énervement très vite, sa voix changeait alors. Mon père, lui, était une éponge. Selon l'interlocuteur, il pouvait parler parigot, avec l'accent de Paname, ou passer aux intonations chantantes de l'Algérie s'il discutait avec un d'Oran. Avec un Espagnol, il devenait fils de l'Andalousie. Avec un Napolitain, il causait avec les mains. Il était acteur, à sa manière.

Je lui ai tout volé.

Je n'arrivais pas à cerner mes parents. Je les voyais, je ne les voyais plus. J'avais affaire à des Scapin, fuyants et insaisissables. Molière avait inventé le rôle : « *Je cherche seulement dans ma tête un homme pour jouer un personnage dont j'ai besoin. Tiens-toi un peu. Enfonce ton bonnet. Campe-toi sur un pied. Mets la main au côté. Fais les yeux furibonds. Marche un peu en roi de théâtre. Voilà qui est bien.* »

Roi de théâtre, certes. Roi dans un ciel sans colonnes.

Maintenant qu'ils n'étaient plus là, j'avais envie d'améliorer mes parents, de les changer. Les transformer en saints de bois. Mais je me retenais. Je voulais aussi des parents tels quels, tels que ma mémoire d'enfant les retenait, avec les défauts et les qualités. Saints ? Sûrement pas. Le spahi du faubourg Montmartre et la mélancolique d'Aïn El Arba ne pouvaient prétendre à aucune canonisation. Saint Henri et sainte Viviane ? C'était farce. Il ne me restait plus qu'à faire le tri dans ma tête et dans les boîtes, et à jeter sur le papier des mots qui leur redonneraient une existence.

Je voulais leur rendre leur liberté.

Henri Darmon avait une méfiance instinctive de l'autorité et de la hiérarchie. Spahi, il s'était soumis aux ordres de son officier, certainement. Mais rendu à la vie civile, je le sentais, il n'avait accepté ni dieu ni maître, anarchiste dans l'âme. Il n'était pas homme à s'aligner, à marcher en cadence, à prendre une carte de parti, à obéir à une loge, à courber la tête sous les diktats. Il y avait du renard en lui. Dans le faubourg Montmartre, avant la guerre, il avait trouvé son chemin sans demander l'avis de personne, j'en étais sûr. Il avait dû séduire quelques gisquettes, et se frotter à la justice. Quelles « affaires » avait-il traitées ? Comment avait-il gagné sa vie ? J'avais des idées, mais elles étaient informulées. Il m'échappait. Je ne voulais pas le laisser partir.

J'ai la même méfiance instinctive de l'autorité. Je n'aime pas les alignements, le prêt-à-penser, la règle de la meute. Il suffit qu'on me dise « À droite ! » pour que j'aille à gauche. Si l'on m'intime l'ordre de me marier avec une « de chez nous », je choisis une « de chez eux ». J'ai l'esprit contraire. Ce qui est étrange, à y songer, quand on est acteur. Car la vie d'un acteur est soumise à la dictature du texte et à l'autorité du metteur en scène. Moi, je remplis un costume vide. Je passe mes bras dans les manches, je glisse ma tête dans l'échancrure, et je deviens autre. Ne me dites pas ce que je dois faire. Suggérez-le-moi. C'est mon credo.

Je ne supporte pas les caporaux, les petits chefs, les abus de pouvoir, l'arrogance du puissant sur le faible.

Il y a toujours en moi une incapacité d'obéir.

C'est dans cet espace de liberté que mon père vivait. Il supportait mal l'autorité mais il avait la sienne, qui s'exerçait naturellement. Il suffisait d'un regard, d'un froncement de sourcils, pour que moi, l'enfant turbulent, je m'assagisse. Henri Darmon n'avait pas besoin de lever la main ou de menacer. Il avait son aura. Elle suffisait à remettre de l'ordre autour de lui.

J'ai une fille de quarante ans, une fille de vingt ans, un fils de dix-sept ans. Je n'ai jamais levé la main sur aucun de mes enfants. Henri Darmon aurait approuvé.

Son autorité naturelle n'empêchait pas les réprimandes. Je me souviens…

Je venais de recevoir une paire de chaussures neuves. J'avais douze ans. Aujourd'hui, il suffit d'entrer dans le premier Monoprix venu et d'acheter des baskets. Mais, en 1960, le niveau de vie des gens modestes était bas. Chaque franc comptait. Prendre un taxi était un luxe, aller au restaurant une fête, voyager en avion un événement exceptionnel. La France vivait à l'économie, les premières bouteilles de Coca-Cola, petites, supposaient une belle dépense. Le fast-food était inimaginable. Une paire de chaussures, achetées chez André ou Bata, représentait une somme, dans le budget d'un ménage.

Ce jour-là, ma mère m'envoie à l'épicerie de madame Lesueur, pour aller chercher le lait. C'est à la manière de l'époque : j'ai un pot en alu dans la main et je descends dans la rue. L'épicerie, à quelques centaines de mètres, est une sorte de bazar organisé : madame Lesueur y vend de l'Omo et des oranges, des salades et du vin à la tireuse, des pommes à l'unité et des nouilles Rivoire & Carret. Je pars dans mes chaussures neuves, en sautillant. Madame Lesueur me sert le lait à la louche, et, toujours sautillant, je reprends le chemin de la maison. Je sautille tant et si bien qu'une chaussure me fausse compagnie ! Elle glisse vers le bord du trottoir. Là, le temps de poser mon pot et de me précipiter, la chaussure est déjà dans le caniveau, où un tsunami venu de l'ouverture d'une vanne par un balayeur l'emporte. J'ai beau faire vite, à mon grand effroi, ma chaussure s'engouffre dans la bouche d'égout, et disparaît à tout jamais, me voilà avec une chaussette. La tête basse, je rentre en claudiquant, le lait à la main. Mon père, stupéfait de me voir ainsi, s'emporte. Mais les mots se bousculent, se chevauchent. Il me fixe, et rugit. Il lève la main. Il s'arrête là. Son ton suffit. Son regard dit tout. La main ne retombe pas sur l'enfant. Elle se pose sur la table.

Je suis choqué, je n'ai pas l'habitude, j'ai eu peur.

Dans la nuit, j'ai de la fièvre. Je fais une jaunisse, une vraie.

Ma mère en voudra beaucoup à mon père.

Mon père ne m'a jamais frappé, je l'ai dit. Il lui est arrivé de m'embrasser, de poser la main sur mon épaule ou sur mon cou, il m'a pris sur ses genoux, mais jamais il ne m'a battu. Parfois, il exprimait une drôle d'opinion à mon sujet. Il disait à ma mère :

– Qu'est-ce que tu veux qu'il fasse ? Il n'a pas de vice, le petit.

Ce « pas de vice » sonnait comme une condamnation – ou comme un regret. Il aurait sans doute préféré un fils plus ardent, plus retors, plus bagarreur. Un conquérant. Il a eu un acteur. C'était un roi qui espérait un prince rugissant. Il l'a eu, mais pas comme il s'y attendait. J'ai été prince, mais chez Shakespeare.

C'était comme une antienne. Je n'avais pas de « vice », et c'était comme s'il me manquait un boulon. Le « vice », c'était une façon de ruer dans les brancards, de se singulariser, de dépasser d'une tête dans le rang. Le « vice » de mon père n'avait rien à voir avec le vice et les vicieux. C'était juste une façon de désigner des enfants sans problèmes. Le sous-entendu était évident : pour réussir dans la vie, il faut un peu de vice. Ne pas en avoir, c'était décevant, le signe d'un caractère timoré.

J'en voulais à mon père, de cette opinion. J'allais lui montrer. Je ne savais pas comment, mais j'allais.

Le regard de mon père n'a pas disparu avec sa mort. Je me mesure, chaque jour, à son jugement. Ce que je savais de lui, en 1995, était morcelé. Avec le temps, j'ai recollé certains morceaux, et, alors que j'avais une opinion sévère à son égard, je me suis radouci. Peut-être est-ce l'effet de l'âge, mais cet homme à qui je reprochais d'avoir été ce qu'il a été est devenu, avec le temps, plus arrondi. Je le peignais à la sanguine, je le peins désormais au pastel. C'était un père tonnant, un Zeus olympien, c'est devenu un homme avec ses faiblesses et ses traits de caractère, voire son « vice ».

Ma mère a joué un rôle dans mon opinion. Malheureuse, elle exprimait son malaise – mais aussi sa force de vie – dans tout ce qu'elle faisait. Préparer le dîner pour ce mari qu'on lui avait imposé était une joie, mais parfois une punition. Tenir la maisonnée pour cet époux qu'elle n'avait pas désiré était une épreuve, mais aussi un plaisir. Faire bonne figure devant une vie qu'elle n'avait jamais voulu vivre, c'était une fatalité contre laquelle il n'y avait aucun remède, mais son fond dépressif s'effaçait quand elle me souriait. Aïn El Arba lui manquait. Le rabbin cordonnier lui manquait. Le levêche, le vent sec, lui manquait. Elle essayait de se formater, mais n'y arrivait pas bien.

Elle s'était même mise à travailler, avait débuté comme tireuse de vin chez Viniprix, puis était devenue caissière, et allait grimper d'autres échelons. Elle avait besoin d'une activité, de se changer les idées.

Mais les idées ont la tête dure, et les regrets ne meurent jamais. Elle dégageait des ondes de réprobation, entrecoupées de vagues de tendresse. Devant moi, son fils, elle n'exprimait rien. Mais j'étais sensible à ces vagues invisibles de désespoir, à ces flux qu'elle émettait. Elle était une balise d'amour. Adolescent, je n'avais qu'une envie : partir.

Dans cette ambiance grise, ponctuée pourtant de moments de bonheur fugace, j'ai accumulé des détails. Il me semblait que mon père était trop dur, trop écrasant. Je sentais, confusément, que quelque chose n'allait pas. Sinatra aurait su ce qui se passait, il avait traversé l'enfer, sentimentalement, avec Ava Gardner. Il portait cette blessure, qui lui donnait une certaine compassion. On l'entendait dans sa voix. Il avait beau faire le dur à Las Vegas, s'en prendre aux gardes du corps des patrons de casinos – qui lui ont cassé les dents –, faire le dictateur sur son équipe, le Rat Pack, il était à vif depuis le départ d'Ava. Elle était partie, pour ne plus revenir.

Mais Frank n'était pas là pour me parler, adoucir les choses. Je captais, dans la voix de ma mère, une image de mon père défavorable. Son mariage était un devoir. Elle était sortie de la folie pour entrer dans la grisaille. Dans cette vie, le problème n'était pas que le ciel était sans colonnes, mais que le ciel avait disparu. D'ailleurs, ma mère était fortement myope. Elle cachait ses beaux yeux bleus sous des lunettes sombres. Je sentais le clivage entre mes parents.

Il y avait des courants souterrains, des luttes non déclarées, des guerres sans nom, dans ce couple. Je pressentais que ma mère et ma tante, dans ce conflit sourd, voulaient que je passe définitivement dans leur camp. Que je sois acquis à leur cause – contre mon père. Je ne me sentais pas régicide.

L'affect régissait tout, les humeurs gouvernaient la famille. La tante détestait la fille de la cousine, le frère évitait la grand-mère maternelle, le... On s'y perdait constamment. Les familles orientales sont sous haute température. Rien n'est indifférent. Une remarque innocente peut devenir insultante, un mouvement d'impatience peut être interprété comme une déclaration de conquête. Là-dedans, les enfants s'esquivent.

Comment ai-je pu sentir la situation ? Gamin, je possédais des antennes invisibles. Je captais les messages subliminaux. J'étais comme Mandrake le magicien, je recevais les vibrations vitales. Les femmes voulaient que je me range dans leur camp ? Naturellement, j'ai fait le contraire. J'avais besoin de son attention, à mon père. Je me suis placé sous sa bannière, j'ai pris fait et cause pour lui. Et, me suis-je dit, « je serai son verbe, je serai sa bouche ». Je m'étais trouvé un rôle : celui de porte-parole.

Cet homme de peu de mots, que ma mère accusait parfois de « faire des choses grossières », j'allais parler pour lui. Il était avare de paroles ? Moi pas. J'allais être son prolongement, son émissaire, du haut de mes dix-huit ans.

Je commençais à me frotter aux textes. Je venais d'entrer au Cours d'art dramatique de Bernard Bimont, je m'imbibais des pièces de Marivaux et de Brecht, je faisais le grand écart entre le vocabulaire de Strindberg et la férocité de Molière. La richesse de ce continent artistique me faisait tourner la tête. J'allais jouer des tueurs et des sergents, des maquereaux et des chevaliers, des plombiers et des présidents, le monde s'ouvrait à moi, me conférait une connaissance des arcanes de l'univers. J'avais l'arrogance de la jeunesse, et l'appétit de l'adolescence. Mes parents n'avaient plus rien à m'apprendre. Je prenais mon envol, et, de là-haut, je pouvais enfin juger le rapport conflictuel qui sous-tendait leur mariage. Après tout, j'étais le fils de leur guerre intime.

J'avais envie que mon père me remarque, qu'il soit mon premier public.

Et mon père le sentait.

À dix-huit ans, donc, je deviens le fils de mon père. Il m'adoube. Je capte son estime. La situation bascule. À cet âge-là, aussi, je deviens un homme : je viens de rencontrer Nicole, une petite brunette issue d'une famille aveyronnaise. Je l'épouse. C'est mon entrée dans le monde des adultes : désormais, je suis un homme. En 1968, alors que le monde prendra feu, je serai père de famille.

Je me revois, sur les photos en couleur, retrouvées dans une autre boîte. Ai-je donc été ce garçon assis sur une chaise, en costume sombre, avec une pochette bordeaux assortie à la cravate ? Ma femme, derrière moi, pose ses mains sur mon épaule. Le flash du photographe lui fait un sourire maladroit. La robe, orange, parsemée de fleurs, est désespérément démodée. Ma mère est en costume gris et col Claudine, lunettes noires de myope et permanente figée par la laque. Mon père, à la gauche du cadre, se penche et me désigne de deux doigts à l'attention du photographe. Il tient une cigarette, et une gourmette dorée orne son poignet. Il a une cravate bleu roi, piquée d'une perle, et semble hilare.

Je retrouve une autre photo : Nicole est dans une rue de Paris. Elle porte, dans ses bras, une petite fille boudeuse : Virginie, notre enfant.

Je suis parti, je suis revenu. À dix-sept ans, je suis allé travailler dans un kibboutz en Israël. À dix-huit ans, je ne suis plus dans la maison de mes parents. J'ai l'impression d'avoir pris de la hauteur, de pouvoir juger. J'ai choisi ma vie, je vais jouer dans *Les Fraises musclées*, je vais bientôt dire les textes d'Italo Calvino, de Rostand, de Musset, de Feydeau et de Shakespeare.

Le monde m'attend. Mes parents restent seuls, face à face.

J'aimerais que mon père soit fier de moi. Un jour, il le sera.

Dans sa lettre finale, ma mère m'a écrit : « Je suis heureuse de ta réussite. C'est ce qui m'a importé le plus. »

Moi, maman chérie, je suis heureux que tu aies connu ça.

– 6 –

Cet homme chauve, avec une perle dans la cravate, que je vois penché sur moi sur la photo, j'ai pris son parti. J'ai toujours été indigné par l'injustice. L'iniquité est un crachat dans l'œil de Dieu. Je tolère tout, mais pas le déséquilibre de la balance.

Je défendais mon père, qui était sous le feu de la famille. Il était le sujet d'attaques injustifiées, mesquines. On lui reprochait quoi ? D'avoir été ce qu'il était. Des griefs sans épaisseur, des rancœurs recuites, des histoires d'argent venaient s'infiltrer dans ce brouet déplaisant. J'avais l'impression d'être dans une histoire sordide. Je ne comprenais pas son aboulie. Il ne faisait rien pour se défendre, pour porter la poix dans le camp des attaquants. La famille de ma mère était derrière elle. Après tant d'années de mariage et de vie si peu commune, le fossé était apparent, la ligne de fracture évidente. Mon départ provoquait cette irritabilité. Je n'étais plus là pour concentrer l'intérêt, pour fixer les préoccupations. Mon père et ma mère étaient front contre front.

Ce qui ne voulait pas dire que je retirais mon amour pour l'un afin de le donner à l'autre. Je les aimais tous les deux, c'est ce qui rendait la situation douloureuse. Mais le silence de mon père le plaçait en situation de faiblesse, me semblait-il. Ou bien il dédaignait de se défendre, ou bien son mutisme était une stratégie.

C'était une stratégie.

Toutes ces embrouilles, ce n'était pas son monde.

Parfois, il s'énervait et le ton montait. Mais c'était rare. Quand il y avait des incendies momentanés, quand le feu prenait brutalement dans ces discussions que le désamour provoque, je m'interposais. Quand les trois sœurs de ma mère intervenaient, je montais au créneau. Je m'en mêlais. Peut-être n'aurais-je pas dû.

On lui reprochait, en vrac, des attitudes, sa vie passée, son rapport à l'argent…

Ah, l'argent ! Entre les mains de mon père, c'était une poignée de sable. Parfois il avait des sous, parfois il n'en avait pas. L'aisance ou l'embarras étaient décidés par les circonstances. Il n'y avait pas lieu de s'inquiéter : les périodes riches succédaient aux périodes pauvres, et les oiseaux des champs, qui ne sèment ni ne récoltent, étaient pris en charge par le destin. Ce n'est pas que mon père était croyant, ni que les Saintes Écritures aient été son livre de chevet, mais il avait une foi instinctive dans sa chance. Après tout, on l'avait surnommé Trompe-la-Mort. La vie était ainsi faite, avec des hauts et des bas, des flaques et du soleil, et pourquoi s'en préoccuper, du moment qu'on faisait ce qu'il fallait ? L'argent était un élément nomade. Et alors ?

Mais, parfois, quand on lui demandait de prêter de l'argent, il disait non. Et s'il opposait ce refus à un membre de la famille, les choses s'envenimaient. La rancune s'accumulait, les griefs se multipliaient. Les passions familiales achevaient de faire rougeoyer ces colères rentrées. Il y avait toujours quelqu'un pour souffler sur la braise.

Pourtant, envers moi, envers ma mère, mon père envoyait des petits signes d'amour. Quand maman était dans la cuisine, il arrivait qu'il me regarde, et me dise, tel l'empereur romain accordant sa grâce au gladiateur valeureux, pointant son pouce vers le haut :

– Ta mère, mon fils, elle est champion !

Dans ces courants secrets des passions familiales, je me sens, alors, en mesure de défendre mon père. Quelque chose se produit chez cet homme. Il s'adoucit envers moi. Il est heureux que son fils se range à ses côtés. Mais il est, en même temps, triste qu'une fracture s'installe dans son foyer. Entre lui et moi, le flux d'amour se renforce. Quand il dit « mon fils », je sais que je suis à lui. Il y a, dans sa voix, une fierté nouvelle.

Or, ce fils qui a pris femme est en train de fonder sa propre famille. Peut-être sais-je déjà qu'à mon âge, un couple a peu de chances de durer. Au fond, quand je défends mon père, ne suis-je déjà pas en train de prendre rendez-vous avec mon avenir ?

La vérité, c'est qu'à ce moment de leur histoire, mes parents se subissent mutuellement. Ils sont ensemble, mais ne devraient pas l'être. Et l'entourage n'arrange pas les choses. C'est l'image que je vais garder de l'univers des familles : les langues de vipères, les commérages, la bêtise. C'est comme une télé-réalité, où les destins s'affrontent, se grattent, s'irritent, s'enflamment selon un scénario préconçu.

Je m'en suis toujours éloigné, de ces côtoiements difficiles, de ces rapports râpeux. Je ne serai jamais un « de la famille ». Les grandes réunions avec les cousins, les cousines, les oncles, les tantes, les beaux-frères et les demi-brus, très peu pour moi. J'ai toujours l'impression d'être dans une ruche à frelons. L'esprit de la tribu, non. Car dès que j'ai eu mon nom au générique, j'ai été sollicité. Et comment ! Viens dîner avec ta belle-famille, viens déjeuner pour le Nouvel An, viens fêter avec nous la circoncision du petit dernier… À peine l'invitation a-t-elle été formulée que je suis déjà loin. C'est un aimantage négatif : la sollicitation me repousse.

L'esprit de la singularité, je l'ai. Et c'est mon père qui me l'a légué. Mes groupes, je les choisis. Mes amis, je les sélectionne. Mes déjeuners se font avec mes proches d'élection. Mes repas du Nouvel An sont consacrés à ceux que mon cœur a choisis. Henri Messaoud Darmon m'a cédé une partie de son caractère. Mais ce n'est pas la seule. Ainsi, il était facilement emporté, je le suis aussi. Soupe au lait, dit-on. C'est la bonne image : le lait sur le feu déborde vite, puis regagne la casserole et c'est fini.

Plus je vieillis, plus mon père est en moi, je le sens. En a-t-il été de même avec son père à lui ? Qu'est-ce qui se transmet, de père en fils, quel ADN secret se faufile, quel bagage clandestin est-il déposé dans nos soutes ? L'ombre de mon père grandit en moi. Vais-je devenir lui ? Nous avons les mêmes gestes, ces mouvements de mains fines et légères, qui caressent des fleurs invisibles. Nous avons les mêmes attitudes, avec cette inclinaison de la tête face aux contradicteurs. Nous avons la même défiance de l'autorité... Sur les photos anciennes, je le vois et je me vois. Nos images se superposent. Je me dédouble, je deviens un fils bicéphale.

J'ai longtemps résisté à cette possession d'outre-tombe. J'avais le feu sacré – je l'ai encore. Mais je ne voulais pas être mon père. L'âge me l'a imposé. Il est entré en moi à petits pas, et, quand je me regarde dans le miroir, je vois, par à-coups, Henri Darmon.

Désormais, je suis réconcilié avec cette présence.

Je ne suis plus dérangé par cette intrusion. Plus maintenant. Je ne suis plus contraire. J'invite mon père à se glisser dans ma vie. J'aime l'idée d'avoir ses gestes, sa dignité, sa façon de se comporter dans l'existence – mais pas son destin. Je ne l'aurai jamais, du reste. Il a été spahi, un peu gouape, résistant, VRP de vins et spiritueux, toutes choses que je ne serai jamais. J'ai choisi ma voie, elle a bifurqué radicalement. Désormais, la vie de mon père et la mienne ne seront plus superposables. Nos personnalités, par moments, oui.

Les années ont passé, et mon père a gagné en amour. Plus il a vieilli, plus mes reproches se sont adoucis, plus le spectacle de cet homme qui courbait les épaules, marchait de plus en plus lentement, me touchait. Son visage se ravinait, ses mains devenaient de buis, son regard était moins dur : cette autorité qu'il dégageait dans mon enfance, cette violence qui lui étaient naturelles s'amenuisaient. Il y avait une fêlure dans son armure, par laquelle sa vitalité fuyait. Il passait de l'âge mûr à la vieillesse, de la vieillesse au grand âge, du grand âge à la mort, de la mort à ma mémoire, de ma mémoire à la réincarnation en son fils… C'était un étrange processus, une sorte de douce invasion. Je regardais mes mains, et elles ne m'appartenaient plus.

Mais je n'oublie pas ma mère. Jamais. Il m'arrive encore d'en vouloir à Henri Darmon. Je le lui dis. Là où il est, au paradis ou dans l'infini, il sait qu'il a mal agi. Il a mal joué son rôle de mari. Ce qu'il m'a transmis était bon : il m'invitait à garder le dos droit, à ne jamais courber l'échine. Mais ce message était transmis selon ses codes à lui. Il fallait lire entre les lignes, et, encore jeune, je n'en étais pas capable. Je le voyais critiqué par la famille – et je prenais sa défense. Mais je constatais qu'il était dur avec ma mère – et je n'acceptais pas. J'étais pris entre deux feux. C'était une déchirure impossible à réparer. Aucun ravaudeur céleste ne pouvait recoudre ces contradictions.

Ainsi sommes-nous toujours tributaires des terres minées de nos parents, de ces legs à retardement, de ces secrets enfouis. Les flux indécelables se chargent d'affects minuscules, qui mettent des années à émerger. Enfant, je cherchais mon père absent. Adulte, c'est lui qui me cherche, toujours présent. J'ai conscience de la vie sans soleil qu'a menée ma mère. Je vois clair comme le jour l'affection tranchante que lui portait mon père.

Ce mariage-là a été un duel dans l'obscurité, un duel feutré et complice.

Un jour, dans un musée – était-ce à Madrid ou à Carcassonne ? –, j'ai vu une « Vierge de fer ». C'est un sarcophage hérissé de pointes intérieures. En se refermant, ces pointes pénétraient dans le corps de la victime. Rémy de Gourmont pensait que cet instrument de torture n'existait pas, qu'il était le produit de l'imagination enfiévrée des fabulistes. Erreur : la comtesse sanglante, Élisabeth Bathory, qui se baignait dans le sang des vierges au XVIe siècle, disposait de cette machine. Et le fils de Saddam Hussein, Oudaï le barbare, utilisait une version non mortelle de la « Vierge de fer » pour punir, dit-on, les athlètes irakiens peu motivés. L'amour, me semble-t-il, est ainsi. L'extérieur du sarcophage est beau, peint à la main, orné de dentelles ou de frises. L'intérieur est bardé de pointes.

Seule la longueur de ces pointes varie.
L'amour est un cactus inversé.

Je m'interroge sur ce couple étrange. Comment ont-ils vécu leurs vies ? Sur la tombe de ma mère, il y a sa date de naissance et sa date de disparition. Entre les deux, un tiret. Qu'a-t-elle fait de ce tiret ? Je suis le fils de ces deux êtres opposés. Parfois, j'ai l'impression que je suis l'enfant du levêche, le vent du désert, et, par conséquent, que je suis parent avec tous les êtres de ce monde. La terre est ma famille, et le ciel – sans piliers – est mon horizon naturel.

L'enfance est un état de déni : je ne voulais pas voir, alors, les zones sombres de la vie commune de mes parents. Je me protégeais. Cet amour qui circulait à sens unique, entre eux, me frôlait. J'en prenais ce qui me convenait, avant de filer à l'école pour m'ennuyer à des cours de physique ou de géométrie qui ne me disaient rien. Je n'étais pas fait pour ces allées-là. Je voulais tracer moi-même mes propres triangles isocèles, mes propres valences, mes propres harmonies chimiques.

Je suis allé en Israël pour les forger. Loin de mes parents. Loin, loin.

Vis-à-vis de moi, mon père n'avait pas de psychologie bien définie. Il m'aimait, mais ne comprenait pas ce qui m'animait. Il s'était fait dans la rue, et celle-ci avait été son école. Il y avait appris la règle unique, celle qui ravage tout, qui surplombe toute idéologie, toute raison, toute décision : il faut survivre. Il avait survécu dans le Paris d'avant-guerre, avec son Borsalino comme protection. Il avait traversé le nazisme, le parabellum au poing. Il avait surnagé dans un mariage qui était mal assorti. Il avait un fils avec lequel il aurait dû parler, mais sa bouche ne laissait sortir que du silence. La fumée de sa cigarette le nimbait.

Comment aurais-je pu deviner ?

Comment aurais-je pu deviner qu'à onze ans, il avait été groom au Grand Hôtel d'Oran ?

*

Me revoilà à regarder des photos. Le Grand Hôtel est une lourde bâtisse de six étages qui occupe tout un pâté de maisons, construites sous la férule d'Honoré Cornudet des Chaumettes, honorable député conservateur de la

Troisième République. Celui-ci imposa, en 1919, des plans d'embellissement dans les communes de plus de dix mille habitants. Il s'agissait de reconstruire la France, évidemment, qui avait été ravagée par les obus du Kaiser. Mais en Algérie, pays épargné par la guerre, les édiles sentirent le vent et mirent à profit cette loi qui ne les concernait pas : ils firent appel aux frères Danger – drôle de nom, quand même – et à I. C. Wolff, architectes renommés. De nouveaux quartiers virent le jour à Oran : la cité Boulanger, la cité Choupot, la cité Maraval. La région des Planteurs fut désenclavée, le faubourg Eugène-Étienne rapproché de la ville. Dans la foulée, le Grand Hôtel fut édifié, sans esprit d'originalité.

Sur la photo, il ressemble à tous les hôtels de la Côte d'Azur de cette époque : balcons étroits, boutiques au rez-de-chaussée, marquise en verre, palmiers décoratifs, deux cent vingt lits, quatre-vingt-huit chambres, à deux pas de la Grande Poste qui, à l'époque, se situait sur la place de la Bastille, oui, place de la Bastille à Oran. Par la suite, elle est devenue la place du Maghreb.

J'essaie d'imaginer Henri Darmon en uniforme de groom, portant les valises, avec une petite coiffe comme Spirou. Il est vif, se précipite pour transmettre les messages, tenir la laisse d'un petit chien, ouvrir la portière d'une voiture, faire tourner la porte-tambour qui laisse passer des bouffées de chaleur. Il ressemble à Mickey Rooney – en plus sec – quand il court au bar « américain », pour porter un petit bleu à la duchesse de Rosencart, qui est en visite, ou à un sénateur qui vient déguster son mandarin-curaçao de l'après-midi. Des meubles en rotin, dans un décor mauresque, accueillent les visiteurs. Le boulevard National est à peine pavé, bordé d'immeubles modernes blanchis à la chaux. Des pans de murs invitent les passants à acheter des meubles Dufayel, et la grande synagogue, à deux pas, dresse deux tourelles à encorbellements. Dans la rue des Juifs, la foule se presse dans une atmosphère bon enfant. La plupart des hommes sont en casquette : les turbans sont rares. Le café à la mode est Le Rubis, sur le boulevard du 2e Zouaves, face au magasin Eamann « chapellerie parisienne » et à deux pas de la massive « Maison du Colon » dont l'entrée est encadrée de sculptures de fatmas presque nues. Henri Darmon, dans son uniforme rouge rayé de noir, a un métier qu'il adore.

Surtout, il absorbe. C'est là, au Grand Hôtel d'Oran, qu'il apprend la légèreté des femmes, la duplicité des hommes, les arrangements des coulisses, les mille moyens d'arrondir ses fins de mois, la façon de plaire, la manière d'obtenir un pourboire. Il comprend que la séduction est une arme redoutable et que la vie ressemble à cette porte-tambour : les gens entrent, sortent, dépensent de l'argent et disparaissent. Dans un rare moment de confidence, mon père m'a dit qu'il avait appris à parler anglais là, sur le trottoir devant l'hôtel.

Voilà qui lui servira, plus tard, pendant la guerre.

L'hôtel, c'est une école. Le trottoir devant l'hôtel, une université. C'est entre ces cartons à chapeaux, ces voilettes, ces panamas et ces canotiers que le petit Henri a acquis l'art de circuler dans les courants d'air. Son empreinte sera toujours légère. Il ne laissera pas de dossier dans les ministères, pas de formulaires aux archives, pas de fiches dans les méandres de l'administration française. Pour la machine d'État, Henri Messaoud Darmon n'a pas existé. Il en a décidé ainsi. À Oran, j'en suis sûr, il était visible et invisible. Suffisamment visible pour recueillir les pourboires et, entre dix et treize ans, nourrir sa famille. Et suffisamment invisible pour qu'on ne le remarque pas, quand il faisait un tour en cuisine… Il se préparait, alors, un destin en zigzag.

Le Grand Hôtel d'Oran a été racheté, revendu, racheté. Il s'est délabré. Il est aujourd'hui fermé. J'y suis passé. Il ne plane qu'une tristesse grise, sur cet immeuble qui a connu de meilleurs jours.

S'il y a une qualité que j'aime, chez mon père, c'est la loyauté. C'est un don rare. Cet homme était loyal vis-à-vis de la vie. Je m'explique : il avait son code personnel, et il y avait des choses à faire ou à ne pas faire. Des principes : la parole donnée, l'honneur, la droiture. Sans doute a-t-il eu du mal à mettre en place cette table des matières. Il y a des comportements, dans la catégorie « honneur », qui ne sont pas acceptables. Le Henri Darmon de l'entre-deux-guerres, qui a survécu dans le Paris des arcans et des gouapes, n'a probablement pas vécu uniquement selon ces principes. Mais, à sa manière, je suis sûr qu'il a tenté de les faire valoir. Il a été un homme à femmes, et, en même temps, il dédaignait les demi-sels. Il était paradoxal. Homme des défis et homme des règles, il tentait de concilier les deux.

Il voulait être d'un bloc, il ne l'était pas. Il essayait d'être en fer, il était, comme nous tous, fragile. La vie exige ces fêlures, ces déchirements. Elle les provoque. Impossible d'être tout un ou tout autre. « Il n'existe pas de cheval entièrement noir. Il y a toujours quelque part une touffe de crin blanc », disait Jean Renoir. On peut avoir été sympathisant de Pétain et président de la République pendant quatorze ans, on peut connaître l'ancien secrétaire général de la police de Vichy René Bousquet et aimer profondément les Juifs, on peut être l'envers et l'endroit. La contradiction est l'essence même de notre vie.

Contradictoire, mon père l'était. Mais quand il vous serrait la main en vous regardant droit dans les yeux pour vous dire : « Je le ferai », il s'engageait. Il n'y avait pas d'arrière-pensée, pas de repli possible. La dérobade n'était pas dans son bagage psychologique. Il ne disait pas « Je le ferai » en pensant « Va te faire foutre ». D'ailleurs, il n'aimait pas qu'on utilise pareil langage et donc ne l'utilisait pas non plus. Au besoin, il tombait la veste pour rosser un automobiliste échauffé. Henri Darmon ne proférait pas de vaines menaces. Il n'hésitait pas à faire valser le grossier.

Au fond, la vie était un défi permanent, pour lui. Dans une autre existence, il aurait pu être général ou bandit de grand chemin, avec la même autorité. Il n'y avait pas de malice en lui, pas de double commande, pas de fausseté. Il vendait du vin avec la même assurance qu'il aurait eue pour vendre des diamants bruts. Son vin n'était pas mouillé, son caractère n'était pas amolli.

Jusqu'à la fin, jusqu'à ce moment où son fils était en tournage en Afrique du Sud, je suis certain qu'il a regardé le monde avec une étincelle de défi.

Au fond, je suis certain que c'était un homme bon.

– 7 –

Comment démêler les raisons qui m'ont poussé à devenir acteur ? Je ne sais pas exactement. Quelle force m'a poussé à sortir du cadre ? Rien, dans ma famille, ne me destinait à cet art. Nulle influence, aucun aiguillage ne m'ont incité. J'avais le désir de sortir de mon état d'enfant pris entre deux parents aux charges électriques opposées, je voulais tracer ma route, je voulais être moi.

Mes parents m'envoyaient en colonie de vacances. Dans les années 1960, c'était une pratique courante. Chaque quartier, chaque petite société, chaque groupe avait sa « colo ». L'association des cordonniers du XIXe, la paroisse, le Parti communiste, la commune, voire l'école, l'orphéon des anciens combattants, tout le monde avait sa colo. Les enfants se retrouvaient en baskets Aigle, allaient à la plage en chantant des chants louant Dieu, Staline ou la nature, et, sous la surveillance des « monos », les moniteurs, construisaient des châteaux de sable, se livraient à des concours de cuisine, ou se perdaient dans des jeux de piste. C'était l'aventure.

Le soir, à Saint-Briac ou à Saint-Malo, au Château de la Joie, nous nous rassemblions pour des veillées de rigueur. De grands feux étaient allumés, des bouteilles de Coca ouvertes, des chants – encore ! – exécutés, et des sketchs joués. Certains venaient avec de petits livrets où des saynètes étaient toutes prêtes. D'autres – dont j'étais – préféraient écrire leurs sketchs. Je voyais le visage de mes camarades s'égayer, je les faisais rire. C'est ça que je veux faire plus tard dans la vie, me disais-je.

À l'automne, c'était la rentrée des classes. Retrouver les copains était sympathique, certes, mais les cours de géométrie ou les leçons de physique m'assommaient. Les murs de l'école suintaient l'ennui. Ces couloirs où pendaient des manteaux mouillés qui sentaient le chien me plongeaient dans une mélancolie que les dix minutes de récréation n'effaçaient pas tout à fait. Le cartable sous le bras, je m'échappais dans les rues de Paris. J'allais voir *Les Vignes du Seigneur* au Mistral, j'adorais Fernandel. *À pied, à cheval et en spoutnik* avec Noël-Noël. J'avais ma place à L'Univers, j'aimais bien le Pathé-Orléans. Je me souviens de *Mon Oncle*, d'*Archimède le clochard*, de *Voyage au centre de la terre.* J'avais une vénération pour Jerry Lewis. Dans l'obscurité des salles, j'étais dans un autre monde. Là, sur l'écran, il y avait des paysages fabuleux, des monstres décoratifs, des cow-boys couverts de poussière, des sirènes aux Caraïbes, des duellistes dans les rues de Paris, des cavernes remplies de diamants…

Je m'étiolais dans mes études, qui ne me servaient à rien. Sur les pupitres de l'école, nous avions des encriers. Avec le porte-plume et l'obligatoire plume sergent-major, nous écrivions des dictées en évitant les pâtés, qui surgissaient malgré tout et qu'on essayait d'éponger avec un buvard rose Gibert Jeune. Le fond de ces encriers en porcelaine était toujours englué d'un résidu boueux. La plume pêchait là-dedans des grumeaux indistincts, qui retombaient en flaques sur la page blanche. Je n'aimais pas ces petits marécages.

Je n'aimais pas que ma scolarité se passe devant ces encriers vaseux.

J'avais envie de bouger, d'aimer, de susciter des émotions. Jouer aux billes était intéressant, mais jouer sur scène avec des sketchs, c'était autre chose. Je n'étais même pas un cancre. Je flottais entre deux eaux : ni bon élève, ni mauvais sujet. Je naviguais à vue entre l'imparfait du subjonctif et le carré de l'hypoténuse. L'école était une salle d'attente, la vie commençait après, forcément, et j'avais hâte d'y arriver.

Mes carnets étaient systématiquement annotés d'un « peut mieux faire ». Bien sûr que j'aurais pu « mieux faire », mais je n'avais pas de goût pour les tunnels scolaires, ces après-midi interminables qui se traînaient vers une soirée de pluie...

De plus, je m'étais trompé d'embranchement. Quand, à l'entrée en sixième, il avait fallu faire le choix entre « Moderne » et « Classique », j'avais choisi la première option. C'était une idiotie, due à ma tête de linotte. À douze ans, il est difficile de faire des choix raisonnés. Bref, j'avais choisi la sixième M, avec un effort sur les sciences « dures », mathématiques, physique, chimie, au lieu d'aller vers la sixième A, où j'aurais étudié Plaute et *La Guerre des Gaules*, le Gaffiot et les déclinaisons de « Rosa, la rose ».

Je pensais que « Moderne » était le signe d'un élan vers l'avenir, et que les « Classiques » étaient des vieux cons. Mais ce n'était qu'une distinction administrative. Moderne, pour moi, c'était le rock'n'roll. Mes parents tentaient de me diriger vers le « Classique », filière qui leur paraissait plus conforme à un avenir serein. Mais j'insistais, je me rebellais.

Je les ai eus à l'usure. Je suis devenu « Moderne ».

Le Moderne, finalement, n'était pas rock'n' roll. En maths, j'ai rapidement été jugé à ma vraie valeur : en dessous de zéro. Je n'étais pas nul, j'étais plus que nul, un sous-nul, un lumpen-nul. L'erreur a été constatée très vite. Mais trop tard. *La Guerre des Gaules* allait attendre que je devienne adulte.

Mon rendez-vous avec la culture a été manqué.

Mon père était indifférent, au fond, à tous ces aiguillages. Il avait essayé de me convaincre par obligation. Ma mère, elle, était plus contraignante : elle a réellement tenté de me convaincre. Mais j'étais une tête dure. Je n'ai pas changé. Je m'enferre dans mes erreurs. Cependant, Dieu merci, je sais les reconnaître, plus tard. Je suis d'un bloc, comme mon père. Mais, devant l'évidence, je sais faire acte de contrition.

Médiocre, voilà le mot qui caractérise l'élève Darmon. Je n'étais ni défectueux, ni arriéré, ni inadéquat, taré ou paresseux. Il n'y avait pas de vice dans la machine. Je voulais être roi, mais je ne le savais pas.

Ce « peut mieux faire » était mon étiquette. J'aurais pu porter cette appréciation sur un panneau autour du cou, ou la faire tatouer sur mon front. J'aurais pu être meilleur en trigo, en anglais, en sciences nat', en géographie, en tout. Sortir de cette médiocrité qui me collait aux semelles. Mais je n'en voyais pas la nécessité. Pourquoi faire des efforts immenses dans des matières qui ne m'intéressaient pas, alors que Fernandel m'attendait, là, dehors, au Rialto ? Pourquoi se plonger dans les mystères des fonctions exponentielles alors que Yul Brynner, à la tête des sept mercenaires, trucidait les bandits mexicains ? Pourquoi aurais-je essayé de calculer la surface latérale d'un cône de révolution, ou estimé la production de houille blanche dans les Apennins ? C'était dingue.

Je ne mésestimais pas les efforts de mes parents, mais je n'arrivais pas à m'intéresser à cette vie passée entre les craies du prof et les soirées en salle d'études. Le lycée, finalement, ne voulait plus de moi. Mes parents m'inscrivirent dans une boîte privée, au Cours Charlemagne.

Les résultats ne se firent pas attendre : ils n'étaient guère meilleurs. Mais, bon gré mal gré, je parvins, péniblement, au bac.

Nous sommes en 1966. Le bac, alors, est encore en deux parties. Il y a le « premier bac », facile, et, l'année suivante, le « deuxième bac », considéré comme plus difficile. Je ne sais pas pourquoi, mais l'approche de ce premier examen me navre. Quelque chose en moi se déclenche, une sorte de rébellion larvée, un ras-le-bol d'accumulation. Toutes ces années, toute cette grisaille…

Il ne me manque que l'étincelle.

Je suis comme un bouchon de liège au fil de l'eau. Je me laisse dériver, sans savoir où le courant me mène, sans savoir où je veux aller. Je me dirige vers une sorte de brouillard, dans lequel il y a des créatures inconnues.

L'étincelle va venir par hasard. La femme d'un cousin me dit : « Je prends des cours d'art dramatique. Je suis chez quelqu'un de bien... » Sans trop savoir ce que je fais, j'y vais. Et, après quelques cours – je changerai assez vite d'école –, je sens, instinctivement, que c'est mon endroit, que c'est là que je vais m'épanouir.

Je comprends vite, j'apprends vite. Mon intelligence, ma vivacité, mises en jachère par des années de demi-sommeil à l'école, se réveillent en surmultipliée. J'ai de la pudeur et de l'orgueil, et une bonne dose de lucidité.

Pour moi, le métier d'acteur est compliqué. Mais merveilleux.

Pour mon père, c'est une vocation difficile à comprendre. Et incertaine.

Le travail était la condition de mon éventuelle réussite. Je retrouvais en moi cette faculté d'absorption qu'avait mon père au Grand Hôtel d'Oran, et qu'il avait manifestée par la suite. Nous partagions le même appétit du monde, le même besoin de réussir sa vie. Il partait de plus loin, de plus bas. Il avait dû se battre avec des armes nues : son intransigeance, sa séduction, sa finesse. Moi, je sortais d'un milieu moins difficile, je n'avais pas changé de pays, je pouvais choisir. Henri Darmon avait pris la voie qui lui semblait la plus évidente, là-bas : il était devenu spahi.

Nous nous sommes faits nous-mêmes.

*

J'ai mis des années à comprendre. Pourquoi m'a-t-il été donné de choisir une carrière artistique, alors que mon père n'a jamais eu cette chance ? Quels étaient ses désirs profonds ? Un jour, au détour d'une conversation, j'ai compris. Dans sa jeunesse, cet homme avait eu un rêve.

Être chanteur.

Il avait une belle voix de baryton, et, s'il avait pu…

La musique, à Oran, était une affaire importante. À chaque passage d'une vedette du bel canto, la ville était en émoi. Le Théâtre municipal, vaste édifice chantourné dû aux frères Perret (les architectes du Théâtre des Champs-Élysées à Paris), était assailli. Les trois arches à colonnes, surmontées de deux gloriettes en pierre, la façade festonnée de guirlandes, le toit surmonté d'une statue représentant la déesse Euterpe, les allégories sculptées par Fulconis, tout était éclairé a giorno, lors des grandes soirées. La ville ne manquait pas de cantatrices : deux d'entre elles, Jeanne Bourguignon et Marthe Coiffier, natives d'Oran, s'étaient hissées à une certaine notoriété en chantant à l'Opéra de Paris.

Oran se situait sur le circuit des tournées d'Afrique du Nord : on pouvait voir *Carmen* avec César Vezzani à Constantine, *La Traviata* avec Henri Médus à Casablanca ou *Lakmé* avec José Luccioni à Alger. Toutes ces tournées passaient obligatoirement par Oran.

Mon père s'est retrouvé dans le chœur, au Théâtre municipal. Il en a été retourné. Le groom était devenu chanteur. Mais la voix, sans doute, n'était pas la seule raison de cet engouement. Henri Darmon aimait les jolies femmes…

Il ne m'a jamais dit de quel opéra ni de quelle cantatrice il s'agissait. Mais, en feuilletant les journaux d'époque, en respirant la poussière des quotidiens disparus, j'ai attrapé, au vol, des souvenirs anciens. C'est en tournant *Callas et Onassis* que j'ai commencé à flairer cette piste. Car, en me documentant sur le personnage du milliardaire, j'ai lu que celui-ci, gamin de Smyrne, avait survécu aux massacres des Grecs par les Turcs au début du siècle, et, jeune homme sans le sou, avait refait sa vie en Argentine. À Buenos Aires, où il faisait vaguement commerce de tabac, Aristote Onassis a rencontré Claudia Muzio, « la divine ». Il avait vingt-deux ans, elle en avait trente-cinq. Cantatrice mystérieuse, elle avait un air favori, « *Addio del passato* » (dans *La Traviata*), et prenait des amants de passage, en secret. Onassis fut l'un d'entre eux. Mais le secret l'embarrassait : il s'exhiba. C'était une façon de se faire de la publicité.

Henri Messaoud Darmon avait le même âge qu'Onassis quand Leïla Ben Sedira, cantatrice de renom, est passée au Théâtre municipal. Elle était du pays : son grand-père, Belkacem Ben Sedira, était l'auteur d'une grammaire franco-arabe et, fin lettré, avait traduit *Don Quichotte* en langue berbère. La famille fréquentait Camille Saint-Saëns, qui avait pris la jeune fille en belle amitié, et lui donnait, à l'occasion, des cours de piano. Belle voix de soprano-colorature, celle-ci était sous contrat avec l'Opéra-Comique à Paris. Et, de 1927 à 1939, elle est revenue régulièrement à Oran pour chanter *Lakmé*, son opéra fétiche.

J'aime à penser que tout s'est noué à ce moment-là.

Lakmé, fille de Nilakantha, brahmane réputé, tombe amoureuse d'un Européen, Gérald. Tout les sépare : la culture, la religion, les origines. Leur histoire d'amour, inspirée d'une nouvelle de Pierre Loti, est contrariée ; Nilakantha est outré à l'idée que sa fille puisse être éprise d'un ennemi. Tout se termine par la mort de Lakmé, empoisonnée. Agonisante, elle a encore la force de chanter « C'est lui ! C'est lui ! » À l'Opéra, les mourants ont du souffle.

Le 13 mai 1931 fut un grand jour : Leïla Ben Sedira assura la millième représentation de

Lakmé. Et quelque chose me dit que mon père fut amoureux. Je n'ai rien pour étayer cette supposition, sinon, comme d'habitude, quelques bribes. Une fois de plus, mon père se dérobe. Je sais qu'il a voulu aller à Paris, pour suivre des cours de chant. Je sais aussi que ses parents ont refusé.

Toute sa vie, il a regretté cette occasion manquée.

Mais, comme Onassis, il a compris, à cette époque-là, l'arme de la séduction. Homme à femmes ? Certes. Il y a quelque chose de musical, dans cette façon d'aborder le beau sexe, d'établir des rapports amoureux, de toucher une peau. Henri Darmon a appris, avec *Lakmé*, ce qu'était cette manière d'être, agile et flottante, pour attirer les femmes. Je ne sais pas s'il a eu de nombreux succès, car il n'en a jamais parlé. Je suis certain cependant qu'il plaisait. Parfois, à la maison, il chantait, au grand agacement de ma mère. C'était comme un retour à ses jeunes années, un défi au temps qui passe. Il avait une belle voix, en effet.

Henri Darmon, à Oran, aurait voulu être chanteur.

Sinatra, à Hoboken, l'est devenu.

Ils avaient le même chapeau.

Sur la vie de mon père...

Les chemins de l'amour sont étranges. J'ai réalisé un rêve longtemps caressé, j'ai exaucé un désir ancien : dans ma jeunesse, il n'était pas question de devenir chanteur quand on était acteur. Quand un comédien décidait de chanter, il était victime, immédiatement, d'une forme d'ostracisme. On était l'un ou l'autre. Pas les deux. J'ai sauté par-dessus la barrière.

Leïla Ben Sedira est morte le 1er juin 1982. Elle n'a pas vu la fusillade de la rue des Rosiers, à Paris : cet attentat antisémite contre le restaurant Goldenberg lui aurait arraché le cœur. Il a arraché le mien.

Nous avons été nombreux à pleurer, de rage, de tristesse, de désespoir. Un nouveau monde, fait de haine, était en train de naître.

Je n'ai jamais connu Leïla Ben Sedira. Je le regrette.

– 8 –

Parfois, je saisissais des coups de téléphone. Assis dans le salon, mon père parlait. Qui étaient ses interlocuteurs ? Enfant, je ne posais pas la question. J'allais dans ma chambre, tandis que ma mère, à la cuisine, préparait le repas. Mais quelque chose, dans le ton de mon père, m'est resté dans l'oreille. Je n'y ai repensé que des années plus tard.

Sans doute parlait-il à l'une de ses maîtresses.

Le mariage, à l'époque, était un engagement à vie, voire une prison éternelle, selon les croyances et les coutumes. Le divorce, dans notre milieu, n'était pas envisageable. Ma mère, évidemment, était au courant. Elle savait que son mari avait « ses putains ». Elle le disait.

Henri Darmon, je le pressens, a été infidèle. Très infidèle. Vers la fin de sa vie, il s'est calmé, me semble-t-il. Et encore... Je soupçonne que la petite bonne portugaise qui s'est occupée de lui dans son grand âge, et dont l'une des tâches était de le laver, de le savonner, de le masser, a été plus qu'une aide-soignante.

Il était octogénaire, mais quelque chose surnageait, un parfum de séduction, une façon de regarder les femmes, une étincelle dans les yeux. Quand la petite Portugaise était là, je sentais un flux magique, un parfum de secret. Quand elle n'était pas là, il insistait pour qu'elle soit présente. Elle venait deux ou trois fois par semaine et, loin de s'éteindre, la flamme dansait dans l'œil de mon père. Toute sa vie, il avait vécu près des femmes. D'Oran à Paris, de Montparnasse à la Bastille, il avait parsemé son chemin de silhouettes gracieuses, de filles dévouées, d'amourettes de passage, de nuits de braise. Il n'en parlait jamais, mais il était impossible de ne pas s'en rendre compte. C'était comme une danse de salon : on sentait, dans sa mémoire, des tangos houleux, des valses brillantes, des slows de soirées bleuies par la fumée de cigarettes... Je n'ai jamais pensé à mon père autrement. Rien ne me permettait de l'affirmer, mais, j'en suis certain, c'était un homme à femmes.

Dans sa main, le téléphone avait une autre allure. La bakélite noire devenait un instrument de séduction. Je lisais *Spirou*, je me délectais des aventures de Blek le Roc et de Kit Carson, je suivais avec fièvre les avions de Buck Danny et les bêtises de Gaston Lagaffe, et, d'une oreille distraite, j'entendais mon père roucouler avec ses putains.

Ce qui n'empêche pas qu'il est mort de chagrin, quand ma mère n'a plus été là.

Cinquante ans de vie commune, c'est un bloc de vie. Comment Henri Darmon aurait-il pu effacer ces années ? Ma mère n'était pas une femme commune. Elle avait une noblesse de cœur, une dignité, héritée des peuples du désert. On l'avait cantonnée dans un mariage qu'elle ne désirait pas, comme un médicament, pour lui éviter la neurasthénie, qui, à l'époque, était une maladie grave. Mon père n'avait pas prévu que sa femme allait mourir avant lui : ce n'était pas dans l'ordre des choses. Leurs quatorze années d'écart favorisaient cette illusion. Normalement, c'est lui qui aurait dû « passer les piquets » en bon premier. La chronologie des décès était ainsi. Elle n'a pas été respectée, et mon père s'est dépêché de s'en aller à son tour, agacé de ce désordre, attristé par cette inversion du temps.

Mon père a été un homme contradictoire. Il a passé sa vie à fréquenter d'autres femmes, et la mort de la sienne l'a tué.

Elle est morte d'un cancer. Ma conviction profonde, ma certitude gravée, c'est que ma mère a fabriqué son cancer. Toute sa vie a été une suite de frustrations, de désirs avortés, d'un destin contrarié. Elle était avec un homme qu'elle n'avait pas choisi, elle luttait, jour après jour, pour élever son fils, elle faisait face aux rigueurs de l'existence commune, dans un pays qui n'était pas le sien, dans un rôle qui n'était pas taillé pour elle. Elle a été malheureuse jusqu'au bout, même sur la plage de Dinard, avec ses lunettes noires ; même sur la photo prise par Maurice Gouzl, le 15 juin 1947 ; même sur le cliché où elle est en costume gris et col Claudine. Mais elle n'a pas été que cette femme sombre, avec un inconscient encombré de nuages noirs. Elle enfouissait sa frustration, ne montrait, avec moi, que son côté solaire. La tristesse s'envolait, et nous étions, à table, une famille heureuse. Puis la vie reprenait. Mais comment saisir ces états changeants, ces voltes d'affection ? Ma mère est restée avec mon père, au fond, parce qu'elle avait inventé une forme d'affection pour lui. Elle s'était élevée au-dessus de la dépression.

Il n'empêche que tout ce qu'elle n'a pas expulsé, elle l'a enfermé en elle-même. Elle en a fait une maladie mortelle. La tumeur a explosé, nourrie par une pression de cocotte-minute.

Elle s'était trompée de vie, de mari, de ville, de paysage, d'air, de décor, de texte, de tout. Elle était dans une pièce d'Ibsen, alors qu'elle aurait dû être dans la *Suite algérienne* de Saint-Saëns. Elle pataugeait dans l'air de Paris, alors que le soleil d'Oran aurait dû l'éclairer. Elle s'ennuyait totalement, profondément. Ma mère avait des choses à dire, des livres à lire, des horizons à découvrir. Elle était curieuse, ouverte. Mon père, lui, ne voulait rien de tel. Il luttait au présent, sans penser aux ailleurs ou aux lendemains. Pour elle, la vie rêvée était un apprentissage permanent ; pour lui, c'était une adaptation au coup par coup. Ma mère était en overdrive, mon père était au point mort. Je suis l'enfant de ce désaccord. Dans une partition, j'aurais été la tierce picarde, cette petite sortie d'une phrase musicale qui laisse entrer un peu de lumière, une imperceptible touche d'espoir dans la nuit des accords en mineur...

Il y a eu un moment où la balance sociale a changé. Ma mère, devenue cadre supérieur, atteignait un niveau que mon père, marchand de vins et spiritueux, ne pouvait espérer. Lui, sa vie d'aventure était derrière, dans ces années d'avant-guerre et de guerre ; pour elle, tout était devant. Il n'y avait qu'un point de tangence, l'enfant.

À la fin de sa carrière professionnelle, mon père n'était plus rien. Ma mère rapportait, alors, une paie supérieure : imagine-t-on l'humiliation d'un homme qui se flattait d'être le soutien de famille ?

À soixante-cinq ans, quand l'âge de la retraite est venu, en 1975, il s'est retrouvé nu. Il n'avait jamais cotisé à un fonds, jamais économisé, jamais prévu. Il avait fonctionné en roue libre. L'Administration ? Inconnue. La Sécurité sociale ? Il s'en foutait. Du coup, il se retrouvait en situation de dépendance. Cette jeune fille qu'on lui avait confiée là-bas devenait, ici, chef de famille. Les rôles étaient inversés, le roi perdait sa couronne.

Plutôt que de laisser l'ennui, à la maison, l'engloutir, il était devenu taxi.

Je n'en croyais pas mes yeux. Henri Darmon, le Trompe-la-Mort du pavé, au volant d'une Renault 12 grise ? C'était une voiture de loquedu, pas un carrosse de seigneur. Henri Darmon demandant « C'est pour aller où ? » à des passagers pressés ? C'était un pis-aller, je le savais.

Il a tenu une année.

Il avait eu un chai à son nom, à la Halle aux vins, pourtant. Des barriques monstrueuses posées sur les pavés inégaux, le long de la Seine, contenaient le vin d'Algérie qu'il vendait aux cantines ou aux bistrots. La Halle aux vins, c'était un monde en soi : des péniches déchargeaient – dégorgeaient – des citernes, des monceaux de barriques encombraient le quai, toute une population de vinassiers, chiffonniers, tâcherons, rouleurs, tonneliers, bouchonneurs encombrait les rives du fleuve, sous des platanes centenaires. C'est là que, dans l'imagination populaire, Judex combattait l'ordre établi, et que les apaches poursuivis par la police se réfugiaient.

Le vin de mon père, c'était de l'encre. Il était d'un rouge aussi noir que la poix, et d'un goût aussi rude que les gourdes des poilus de la Grande Guerre. S'il coulait sur une veste, celle-ci se trouait. C'était une boisson d'hommes.

Pourquoi n'a-t-il pas continué cette activité ? Que s'est-il passé ? Le 14e d'attaque n'assurait plus le revenu de la famille.

Des souvenirs me reviennent, des bribes de conversation entre mes parents, entre ma mère et Yolande, sa sœur, qui venait seule la voir, sans son mari…

En fait, après avoir été représentant pendant des années, mon père a voulu monter sa propre société, et en a délégué la direction générale à son beau-frère… Cela s'est très mal passé. Pas envie de patauger à mon tour dans le marigot des affaires de famille… Et mon père a dû mettre la clé sous la porte. Ma mère n'a pas vu sa sœur pendant un an. Enfin, pas officiellement.

À partir de là, tout s'est effondré. Le vin en bouteille étoilée, alors, avait pourtant la cote. On buvait du gros-rouge-qui-tache partout. Et mon père, lui, faisait le taxi.

Entre-temps, grade après grade, année après année, ma mère avait gravi les échelons de son entreprise. Elle avait débuté chez Viniprix, y était devenue caissière, puis chef d'alimentation… Elle allait terminer comme directrice du plus grand Monoprix de France, et enfin comme inspectrice de la société. Elle montait, il descendait. Ils sont partis ensemble.

Je suis le fils de la carpe et du lapin, de la poule et du stylo. Deux tendances, deux destins se sont affrontés, et ma naissance n'a rien réconcilié. Je suis l'enfant des deux, et cet enfant a toujours été le sujet d'une lutte.

Les différences de mes parents m'ont enrichi. Il a fallu surmonter cette guerre de deux personnes aimées. C'est ainsi qu'on se forge un caractère, bon ou mauvais, dans le bruit des combats, la fièvre des éclats.

Mon père était fantasque, je le suis un tant soit peu. Ma mère a eu la sagesse et l'humilité d'attendre, et mon métier exige ces deux qualités. Les deux m'ont légué une forme d'entêtement, parfois millimétrique. Chaque distance grignotée, si petite soit-elle, est une victoire. J'ai suivi ce fil-là. J'ai démarré, comme acteur, au plus bas. Les cachets étaient lilliputiens – quand ils existaient. Mais j'ai appris mon métier. J'ai joué dans des conditions précaires, je me suis frotté au public dans toutes les circonstances. C'est ainsi qu'on s'ancre, dans ce métier.

Et j'ai chanté. Ol' Blue Eyes, sur la couverture de ses disques, m'adresse un discret coup de chapeau, et rien ne vaut cette récompense-là.

L'inclinaison du chapeau, selon Sinatra, c'est un art.

Je me sers de cette énergie générée par deux êtres différents et opposés. La cruauté et le malheur d'Othello, c'est de mes parents que je les tiens. La naïveté et l'envie du Bourgeois gentilhomme, elles me viennent de Viviane et d'Henri. La folie du Baron perché, elle m'a été transmise par eux. Il n'est pas un rôle, pas un personnage, pas une réplique, pas une émotion qui ne soient nourris par ce passif.

Pendant longtemps, j'ai eu les nerfs fragiles. Je marchais sur une banquise en train de se fissurer, et cette instabilité provoquait, chez moi, des sursauts, des bouffées. Je comprenais, instinctivement, que chaque vérité devait générer une contre-vérité, et qu'il fallait l'accepter. La bêtise n'a qu'un œil. Moi, je voulais avoir les deux vérités, pour choisir. C'était le signe de mon grand écart entre ma mère et mon père. Les certitudes éternelles ne sont pas mon genre, les principes gravés dans le marbre ne m'intéressent pas. Le fléau de la balance doit pouvoir se déplacer.

Mon père était adaptable, mais pas totalement. Il a traversé diverses situations, et a surnagé. Il a trouvé, pendant la guerre, la façon d'éviter la déportation ou les rafles. Il s'en est sorti, si j'ose dire, avec les honneurs de la guerre. Mais quand il a voulu voler de ses propres ailes, « faire comme tout le monde », rien n'a réussi. Jusqu'alors, il avait été celui à qui on pouvait tout faire, mais à qui « on ne la faisait pas ». D'un seul coup, il est passé de l'autre côté.

La descente a commencé là.

Je pense à lui. Je pense à lui, jour après jour. Trompe-la-Mort me manque. Ma mère aussi : je lui parle. Je sais qu'ils sont là, mes parents. Les forces de l'esprit circulent autour de nous, avec liberté. Je ne vais jamais fleurir les tombes. Je suis persuadé que c'est inutile. Rien ne se passe dans ces carrés de terre froide, dans ces carrés de gazon humide, dans ces tumulus de cailloux qu'on dépose sur la dalle du disparu. Là, dans ce trou, il n'y a rien, sinon des os qui se désagrègent et des restes de vêtements. Un jour, l'un de mes amis a assisté à l'exhumation d'un grand-père. La terre rejetée, le cercueil hissé, le couvercle décloué, il n'est apparu qu'une paire de manchettes en celluloïd, et un faux col. Tout le reste avait disparu. Pas une dent, pas une chaussure, pas un cheveu. Rien. « *Et nous les os, devenons cendre et poudre... De notre mal, personne ne s'en rie, Mais priez Dieu que tous nous veuillent absoudre.* »

C'est François Villon qui a eu le dernier mot.

La matière se dissout, certes. Mais le reste, non. L'intime demeure, et, comme l'air que l'on respire, il reste avec nous, sous une autre forme.

Quand j'ai décidé d'être acteur, mon père aurait pu faire acte d'autorité. D'autres que lui m'auraient collé le cartable sur le dos, et m'auraient contraint à suivre ce précepte de toutes les familles bourgeoises : « Passe ton bac d'abord. » Henri Darmon a suivi une autre pente, il a hoché la tête, l'air désolé, et m'a simplement mis en garde.

– Tu sais, c'est difficile, ce métier. C'est dur, de percer.

Personne, dans ma famille, n'était issu d'un milieu artistique. Je n'avais donc pas d'appui, pas de point de repère.

Certains jours, en fin de semaine, quand ma mère recevait sa sœur, j'entendais des récriminations, je captais des morceaux de plaintes. De la cuisine, où les deux femmes préparaient le repas, il s'écoulait une suite de mots disjoints qui accusaient mon père : « Tu sais ce qu'Henri a fait… ? – Non ! Il a fait ça ! », et je sentais quelque chose comme un foyer d'infection. J'intervenais en faveur de mon père. Les confidences, du coup, mouraient. Les choses restaient non dites, et c'est ainsi que je les préférais. J'ai commencé à être la revanche de mon père sans le savoir. Plus tard, quand j'ai traversé mes premières peines de cœur, que je suis venu me confier à ma mère, j'ai compris qu'elle n'était pas cette commère qui égratignait son mari, à quoi je la réduisais dans mon adolescence. C'était une femme intelligente, qui souffrait. Elle me donnait des conseils dans mon désarroi, elle comprenait les errements sentimentaux de son fils. Sans doute était-elle passée par là. Pourtant, le cœur était un sujet que j'abordais rarement avec elle : je savais que le sien était meurtri.

L'étrangeté de ce couple m'apparaît maintenant comme moins évidente. La vie a arrondi les angles. Je sais que les couples les plus formidables, parfois, sont constitués de gens qui n'ont rien à voir ensemble.

La femme qui partage ma vie depuis quinze ans, aujourd'hui, est un hasard pur. Rationnellement, elle n'aurait jamais dû m'épouser : c'est une sorte de miracle secret. Tout nous sépare, et tout nous unit.

Dans le cas de mes parents, tout les séparait, rien ne les unissait, mais ils ne pouvaient vivre loin l'un de l'autre. C'était comme une malédiction heureuse.

De ce cocon familial fêlé, j'ai tiré des leçons pour la vie. Pour mes trois enfants, j'ai été, je le crois, le père que je n'ai pas eu. C'est la mission que je me suis fixée. Je n'ai pas été un papa de week-end, peut-être ai-je été une mère juive, qui sait ? Le mensonge n'a jamais été toléré dans nos rapports. Jamais. L'écoute a été primordiale. Ce qui est resté de mon père, c'est la poignée de main.

Je te serre la main, je te regarde dans les yeux, et tout est d'équerre.

*

Les années ont passé, depuis ce jour où je suis revenu d'Afrique du Sud. Soweto est toujours là, les photos dans les boîtes sont toujours là, les souvenirs aussi. Peu à peu, je ne m'en suis plus satisfait. Les jours se sont égrenés, mes enfants ont grandi, les films se sont accumulés, et j'ai chanté des chansons. Sinatra est parti, après un dernier tour de piste, et Las Vegas, sa ville, a changé de visage. L'image de mon père s'est infiltrée dans mon quotidien.

J'ai décidé de partir à sa recherche. La photo de spahi ne me suffisait plus. L'hypothèse du passage de la cantatrice à Oran était un rêve. Les flux d'amour qui me venaient de mes parents me poussaient. Je tendais la main, en sortant du Cinéac ou du Brady, et ils n'étaient plus là.

Toutes les traces d'Henri Darmon et de sa femme se dissolvent, ainsi, comme une écriture sur le sable. La Halle aux vins, là-bas, sur la Seine, n'existe plus. Il ne subsiste que quelques demeures où, sur le fronton, on distingue un petit Bacchus.

Peut-être le levêche, ce vent capricieux, gomme-t-il la mémoire ?

Il était temps, pour moi, de partir en chasse. De reconstituer, si possible, des morceaux de la vie d'Henri Darmon. En dehors de la coupure de presse où il « tombe la veste et rosse son adversaire », qu'avait-il laissé, sur le papier ? L'administration française, si tatillonne, devait bien posséder un dossier, un rapport, une compilation ? Je me fixai un plan de bataille. Archives de la Justice, archives de la Shoah, archives de l'armée, archives de l'Algérie, archives de la préfecture de police. Des kilomètres de couloirs. Des monceaux de papier. Des kilomètres de lignes informatiques. Il faut de la patience et de bonnes chaussures. J'avais les deux.

Quelque part dans cette jungle, Henri Darmon m'attendait. J'avais les détails essentiels : sa date de naissance, son lieu de naissance, son numéro de Sécu, sa carte d'ancien combattant. Avec moins que ça, les Israéliens ont traqué des hommes au bout de la terre. Henri Darmon avait laissé des indices, dans la conversation. Il ne se confiait pas beaucoup, mais j'avais des idées. Le pire, c'est que s'il s'était caché intentionnellement, il aurait été plus facile à retrouver. Mais non : il ne se dissimulait pas. Il s'esquivait. Quand il traversait la forêt, il ne laissait pas de brindilles brisées derrière lui.

C'est ainsi que j'ai cherché un homme qui n'existait plus. J'étais peut-être le mauvais enquêteur : je suis moi-même né un jour qui n'existe pas, le 29 février. Un couple improbable m'a fait naître un jour improbable, et je fais un métier improbable.

Henri Darmon et moi : deux personnages en quête d'auteur.

Et l'auteur, c'est moi.

Deuxième partie

Sur la piste de Trompe-la-Mort

– 9 –

Les quelques informations dures que j'avais étaient plus que rares, lacunaires ou étriquées : elles étaient quasiment inexistantes. C'était comme une ville lacustre que je devais construire, sans savoir où étaient les piliers. Je pensais à Venise, miracle d'élégance sur une lagune boueuse, cité de grâce sur une surface mouvante. C'était le mémorial que j'aurais voulu construire pour Henri Darmon, avec des rues du souvenir, des dômes orientaux, des labyrinthes sophistiqués. Seulement j'avais les mains vides. Mon père était un roi en cavale.

Il devait bien être quelque part, pourtant, sur les étagères de l'Administration. Il n'avait pas pu passer totalement entre les mailles du filet. La France est un pays quadrillé. Mais quadrille-t-on jamais l'histoire des hommes ?

Je savais qu'Henri Darmon était né en 1910 à Tiaret, la « lionne », dans la wilaya qui entoure un vieux fort surnommé La Redoute. Au VIIIe siècle, la ville avait été au centre d'un royaume, celui de l'imam Ibn Rostom, avant de sombrer doucement dans l'oubli et d'être prise, bien plus tard, par le général Bugeaud en 1843. La Légion étrangère y était passée, et le vent du désert avait enfoui les os blanchis des soldats. La famille Darmon était importante : onze enfants, dont Henri, qui était le quatrième. La mère passait son temps à s'occuper d'eux. Le père, lui, était greffier au tribunal. Ou assistant greffier. Déjà, l'imprécision. Celle-ci, au fil de ma recherche, va devenir ma compagne. Rien n'est précis, rien n'est délimité, tout bouge, dans ce passé que nul papier, nul écrit ne fige.

Trois frères de mon père partirent se battre aux Dardanelles, là où les empires se heurtaient. Dans le bourbier de la Grande Guerre, dans le chaos des factions pro-allemandes en Turquie, dans les opérations navales contre les défenses ottomanes, dans l'entrelacs des forces serbes, des bombardements britanniques, dans la fuite des hommes au cap Helles, les trois frères de mon père laissèrent leur peau, anonymes soldats au milieu des dix mille Français tués là-bas. Mourir sur une plage de Kum Kale ou de Maidos, quel destin ! Ils ont juste disparu. Pour rien. Comme d'habitude, pour rien. Plus personne ne sait qui ils ont été, ces trois frères. Leur sang a coulé dans la mer Égée, et puis plus rien. Le silence éternel. Leur ombre légère suit, sans doute, les flux d'amour qui dansent en tourbillons, dans les orages venus de la mer Noire, dans ces pluies qui hachent l'air, au pied d'Istanbul et de Sultanahmet Camii, la Mosquée bleue aux six minarets.

Istanbul, vapeur d'Orient…

*

C'est là que je me heurte au premier mystère. Il y en aura d'autres. Mais celui-ci est arithmétique. Je sais que mon père est devenu l'aîné de la fratrie à onze ans, donc en 1921. Or, les Dardanelles, c'était en 1916. Que s'est-il passé dans ces cinq années manquantes ? Je ne le saurai jamais. Ma théorie, c'est que le père Darmon, toujours vivant, a assuré la survie de la famille, puis est mort en 1921. C'est la seule explication possible. Mort comment ? Fatigue, usure, vieillesse, maladie ? Je ne le saurai jamais. Mais le greffier, soudainement, n'est plus sur la photo.

Et c'est ainsi qu'Henri Darmon a quitté l'école en 1921, obligé de subvenir aux besoins de ses frères et sœurs moins âgés. Il y en avait sept. Il a donc dû prendre en charge une tribu entière. Il a tout fait : cireur de chaussures, balayeur, groom, garçon de courses. La rue – et l'hôtel – ont été ses écoles. Les leçons ont été données sur le tas. C'est là, dans les courants d'air, qu'on apprend la cruauté des hommes, la bêtise des contraintes, la ruse des survivants. C'est là, sur les pavés d'Oran, qu'Henri Darmon s'est fabriqué tout seul. Il a appris à parler l'espagnol, l'anglais, le judéo-andalou. Avec sa langue, il s'est ouvert sur le monde, a communiqué avec les grands voyageurs, a pris goût aux ailleurs. Ce gamin qui court, non loin des lions de pierre de l'hôtel de ville, qui traverse les rues du vieux quartier Sidi El Houari, qui ne jette même pas un coup d'œil sur la Mosquée du bey borgne, c'est mon père. Je le vois, concentré, les pieds poussiéreux, se glissant entre les passants pour porter un petit bleu ou faire une course. Rien ne l'arrête. Un autre gamin lui barre le passage ? C'est la bagarre. Le petit Henri ne s'en laisse pas conter. Personne ne va le défendre, il le sait. Il doit se défendre lui-même. Au besoin, à coups de boule. C'est direct, et sans bavure. Le nez de l'adversaire s'écrase, les esquilles remontent vers le sinus. Quelquefois, les dents sautent. Toute velléité de discussion est gommée. Henri Messaoud Darmon est en train de devenir un petit dur.

Oran, à l'époque, est une ville cosmopolite. Elle fait partie de la France, mais si peu. L'espagnol domine. Oran, un confetti de l'empire, une sorte d'avant-poste. La paix règne, Juifs et Arabes cohabitent, l'Occident se vante d'avoir fait œuvre civilisatrice avec « des routes et des hôpitaux », et la bourgeoisie montante se flatte d'avoir des distractions culturelles, voyez ce bel Opéra où se produisent tant de vedettes en tournée… Au Colisée, on présente des zarzuelas, sortes de spectacles chantés ; au Casino du Bastrana, des numéros de music-hall font les délices des édiles – parmi eux, le vieux député Rivet, ancien secrétaire de Victor Hugo ; et, dans les salons, Camille Saint-Saëns anime, avec plaisir, les soirées des bonnes familles en jouant ses concertos pour piano, dont le fameux *L'Égyptien*, sorte de barcarolle en accords langoureux. Tout se déroule dans un assoupissement général, comme si l'éternité était la règle, comme si la ville ne devait jamais changer... La musique vole de maison en maison, le chaâbi panache les accords espagnols, juifs, musulmans, en une harmonie orientale venue de la Casbah d'Alger. De là naîtra l'orchestre « El Gusto », qui fera battre tant de cœurs...

Le gamin court, je le vois, je le vois, et la musique de l'Orient l'enveloppe comme la poussière des souks.

Qui est-il, au fond ? De quel arbre est-il tombé ? Car il ne me parlera presque jamais de son père. Je n'ai pas connu ce grand-père disparu tôt. Le lien, là, a été coupé. Je ne connais même pas le prénom de mon grand-père.

Ma grand-mère, en revanche, je l'ai connue. Léa Darmon était une petite femme, haute comme trois oranges. Elle avait donné naissance à onze enfants – huit garçons et trois filles –, tâche inhumaine pour un corps si malingre. Et sa vie s'était passée en obligations : la cuisine, les enfants, l'hôpital, le foyer. C'était un personnage d'Albert Cohen.

Mais, à l'époque, Léa n'a pas le temps de s'occuper de son fils aîné. Elle a toute une ribambelle de gamins à nourrir. Elle s'active aux fourneaux, elle redoute le lendemain, elle hait la guerre qui lui a ravi trois fils, quelque part au bout du monde. Elle n'a jamais été plus loin que sa ville, elle ne connaît rien de ce qui se passe au-delà de l'horizon. Elle déploie une énergie farouche, c'est tout. Son fils Henri, dans les rues, se constitue une philosophie de la vie : le système D.

La famille survit dans une misère qui n'est pas celle d'aujourd'hui. Ce n'est pas l'abjecte pauvreté de São Paulo ou l'humiliante bassesse des banlieues de Bombay. C'est une pauvreté de lutte perpétuelle, où le toit, le couvert et la propreté sont assurés. La vie est simple. On ne manque de rien, sauf du luxe. L'entraide est la règle. Jamais ma grand-mère n'aurait fait un couscous sans en offrir à la voisine. Jamais la voisine n'aurait cuit un gâteau sans en apporter une part à Léa. L'esprit de la famille enveloppait le quartier. On parlait sur le pas de la porte, on s'interpellait du balcon, on était dans la même chaleur. Il y avait une forme de bonheur, un bonheur sec, sans fioritures, un bonheur de rose des sables.

Tout le monde est dans la tradition juive sépharade. Chacun sait que d'immenses esprits ont éclairé la voie, depuis Juda Halevi jusqu'à Moïse de Léon. Venus d'Espagne sous la menace du décret de l'Alhambra en 1492, les Sefardim ont apporté une dimension culturelle magnifique. Mais pour le petit Henri, celle-ci n'a d'autre existence que le goût des yo-yos, délicieux gâteaux enrobés de miel, de la mekouba, sorte de potée de poivrons, ou des bantatages, rouleaux de pommes de terre semés de viande… En ce qui concerne la religion, celle-ci est présente, mais sous une forme vague : la superstition soutient la foi. Le Dieu des ancêtres est là, dans les dunes, dans les rues, dans la mer, dans le désert. Celui dont on ne prononce pas le Nom régit les vies, et choisit les hommes. C'est le Roi des rois.

Henri Darmon, s'il va à la synagogue, parfois, aime les chants. Il les aimera toute sa vie. C'est cet amour qui le mènera à l'Opéra, où l'attendait Leïla Ben Sedira. La belle cantatrice aura beau demander à Léa Darmon la liberté de son fils, celle-ci refusera toujours qu'Henri suive cette femme à Paris.

L'occasion est perdue. Elle ne reviendra jamais. Toute sa vie, mon père en parlera :

– Quand je pense…

Pourtant, s'il n'est pas parti alors, c'est pour une raison absolue : « Ce n'était pas écrit. » Le fatalisme de l'Orient, Henri tentera d'y échapper, avec fièvre. Mais c'est comme un empois : dans le Grand Livre du destin, tout est déjà calligraphié.

Nous sommes en 1926. Henri Darmon est un adolescent qui entrevoit, déjà, une autre vie. Cet été-là, l'un des plus chauds du siècle, l'Algérie commence à bouillonner. Messali Hadj réclame l'indépendance totale et le retrait des troupes d'occupation. Mais mal lui en prend : l'Histoire, alors, n'est pas de son côté, car au Maroc, la guerre du Rif tire à sa fin. Le chef de la rébellion, Abd el-Krim, s'enfuit à La Réunion. Le Sahara, lui, n'est plus cette tache blanche au milieu des cartes : le raid Citroën, en auto-chenilles, le prouve. Joseph Vullemin, un as de la Grande Guerre, a tenté de traverser le Sahara en avion Bréguet XIV le 24 janvier 1920, en compagnie de deux hommes. Atterrissage forcé, mort de l'un des compagnons… Depuis, la Transsaharienne est balisée par des touques remplies d'essence disposées tous les cent kilomètres. La première traversée aérienne réussie, d'est en ouest, aura lieu en 1932, et la deuxième, quelques mois plus tard. Marcel Avignon, le pilote, volant sur Farman 190, décollera d'Oran.

L'isolement s'effrite.

La torpeur de l'Afrique du Nord est illusoire.

Dans la famille Darmon, personne n'est jamais allé en France. C'est loin, la France, c'est au diable, Paris. Et pourquoi quitter Oran ? Les Darmon y sont installés depuis la Reconquista d'Isabelle la Catholique, depuis l'exil des Juifs au XVe siècle. Ils ne sont pas devenus marranes – ces Juifs déguisés sous un manteau chrétien. Sans doute ont-ils préféré aller vers le Sud. Le Maroc, Tétouan, le Rif, puis l'Algérie.

Depuis toujours, le Sud appelle.

Paris, alors, est un mirage. On y danse, dit-on, une nouvelle folie : le charleston. On y peint des visages éclatés, grâce à un style dingue, le cubisme. On y recense des milliers d'Italiens, de Belges, de Russes, de Polonais, poussés par les orages révolutionnaires et l'incertitude du lendemain. Paris, pour Henri Darmon, a été à portée de main, en 1926. Il y parviendra, mais en 1932. Entre-temps, la crise aura balayé tout un monde ancien.

Jamais je n'ai entendu mon père mentionner l'école. Il l'avait quittée à onze ans, et elle ne lui avait laissé que des souvenirs épars. La liste des préfectures et des chefs-lieux, la carte hydrographique de l'Aquitaine, la date du couronnement de Charlemagne, les voix de Jeanne d'Arc, très peu pour lui. Tout ce qui constituait, alors, le fonds commun du brevet élémentaire, il ne le possédait pas. Il avait ses doigts pour compter, ses bras pour travailler, ses jambes pour courir et sa malice pour survivre. Il aurait pu chanter *La Traviata* à l'Opéra Garnier avec les chœurs, mais il était collé à Oran, allant de petits travaux en petits travaux, bâtissant des rêves qui ne le menaient nulle part. Ce n'est que plus tard que l'absence de culture se fera sentir. Mon père avait le complexe du mot qui manque, de la référence absente. Il tentera de la combler avec le spectacle de la Justice, avec les plaidoiries des grands avocats. C'était sa façon de puiser dans le dictionnaire. Il était avide de vocabulaire. Il avait l'appétit du verbe.

*

Mon père a eu une enfance décousue. Sa vie, ensuite, l'a été aussi. Cet enfant, cet adolescent qui a grandi en Algérie, littéralement laissé à lui-même, n'a pas eu de guide. Comment ce petit roi aurait-il pu recevoir une boussole morale ? Qui lui aurait enseigné le bien, le mal, et la grisaille ? Le rabbin ? Il n'en avait pas. Le professeur ? Pas plus. Le père ? Il avait disparu. Le grand frère ? Il était mort. Dieu ? Il était en voyage. Le jeune Henri Darmon ne connaît alors que la lumière du soleil, ce soleil qui écrase tout, là-bas. Et l'obscurité des nuits, qui ouatent les méfaits des djinns. Il zigzague entre le respect des lois et le besoin de survivre, entre l'alcôve d'une cantatrice et la nécessité de faire vivre sa famille. Il n'a donc qu'une seule envie : s'échapper.

Il traîne sur le port. C'est un endroit magique. C'est là que se sont déroulées les batailles navales de 1832, là que les bateaux arrivent, à l'ombre de Notre-Dame de Santa Cruz, là que s'avancent des jetées où accostent des paquebots emplis de denrées étrangères, là que l'air du large fouette l'imagination. La mer bute contre la ville, et offre un miroir aux nuages. Le bassin Poincaré, surtout, attire le regard d'Henri Darmon. C'est l'endroit le plus moderne, où font escale les navires en route vers Suez. Dans le sens inverse, des vraquiers passent pour aller vers Rotterdam, emplis de charbon. Non loin, la première ligne de luxe de chemin de fer, Tanger-Fez, possède une station toute blanche. Le thé d'Inde, le sucre de canne, le savon de Marseille, les machines de Saint-Étienne, tout aboutit ou passe par Oran. Le coke de Kenadsa, le manganèse de Bou-Arfa, les tonnages transsahariens sont déposés là. C'est comme un cirque : le spectacle est permanent. Dans le port d'Oran, il y a des bagarres, c'est là qu'il s'est le plus bagarré, me dira-t-il, surtout avec les Espagnols qui avaient l'insulte facile envers les Juifs : « *Judio malo !* » Le long de ces quais, il y a aussi des rêves, des alcools, des femmes.

Surtout, il y a les bateaux de safran, qui viennent d'Asie. C'est la poudre magique, le safran, celle qui transforme la réalité en promenade songeuse.

Toute ma vie, j'ai entendu cette phrase, dans la bouche de mon père, quand j'avais les yeux dans le vague :

– Hé !... À quoi tu rêves ?... Aux bateaux de safran ?

Jamais je n'ai entendu mon père parler avec nostalgie de son enfance. Il ne regrettait rien. C'était du passé, et le passé était mort. Il n'y revenait pas, sinon pour sous-entendre qu'il était parti de rien. Le message était simple : « Je me suis démerdé seul, je n'ai personne à remercier sinon moi-même. »

Non loin d'Oran, il y a un fort. À sept kilomètres, par la route de la Corniche, on atteint rapidement Mers-el-Kébir. C'est un mouillage apprécié, bien à l'abri, qui est occupé depuis les temps romains. Les Almohades en ont fait un arsenal, au XIIe siècle, et y cachaient leurs felouques, leurs boutres, leurs galéasses, embarcations avec lesquelles ils attaquaient les infidèles et les réduisaient en esclavage. Avec l'arrivée des exilés d'Espagne, en 1492, Mers-el-Kébir est devenu un centre de piraterie.

Et en 1830, les Français en ont fait un point d'ancrage militaire.

Un jour, Henri Darmon y va. Il découvre une petite ville. Rien à voir avec Oran : les montagnes ferment la cité, et la forêt de Msila enclôt tout d'une ceinture verte. Les maisons, roses et jaunes, font face à la Méditerranée.

Il y a des bars, des confiseries, d'immenses tas de charbon pour alimenter les navires et, aussi, l'usine des Boulangeries Réunies. Sur les vitrines de magasins, des noms espagnols : cordonnerie Paya, pharmacie Martinez, restaurant Ximeno, épicerie Santonja, boucherie Lopez. Surtout, surtout, il y a des marins. Des marins en pantalon blanc, des gars qui forment les équipages du cuirassé *Provence* ou du croiseur *Dunkerque.* Mers-el-Kébir est, avant tout, une ville pleine de soldats.

Il y a là des gars de la « coloniale blanche », venus de métropole ; des tirailleurs indigènes, des zouaves, des chasseurs d'Afrique, des légionnaires, des unités de marine. La guerre de 14 a ravagé l'armée, où des régiments entiers ont été dissous, faute d'hommes. Henri Darmon sait que ses frères ont été soldats, au service de la France. Ils y ont laissé leur peau. Il regarde les goumiers, les méharistes, les turcos. Ils sont là pour éviter à la France de tenir ses engagements, mais Henri Darmon ne le sait pas.

Paris a promis à Alger une égalité politique, lors des combats de la Grande Guerre. Le sang des hommes a coulé, les soldats nord-africains sont morts par milliers au marais de Saint-Gond, mais, hormis quelques hommages tardifs, rien ne se passe. L'émir Khaled, petit-fils d'Abd el-Kader, fait connaître son mécontentement. Le Parti communiste français soutient Messali Hadj, qui exige l'abrogation du Code de l'indigénat. En 1931, la situation se tend.

Henri Darmon se considère-t-il comme un « indigène » ? Nullement.

Il regarde les uniformes.

Quand il rentre à Oran, il voit des affiches en grosses lettres rouges. Un soleil se lève sur des palmiers, des dromadaires courent, des hommes en coiffe traditionnelle regardent l'horizon. L'affiche promet un avenir plein de mirages aux volontaires désireux de s'engager dans l'armée française. Une deuxième affiche, plus loin, enfonce le clou : trois militaires français marchent, et derrière eux, des éléphants marchent aussi. Les officiers sont bien vêtus, et portent des médailles. Un mot est mis en évidence : « Fidélité ».

L'empire colonial français sent l'harmonie, l'honneur, le bien-être. Du moins sur les affiches. Celles-ci portent, en belles lettres, l'inscription « République Française – Ministère de la Guerre ». Il suffit de lire le texte pour être partagé entre le rire et l'étonnement : « *Troupes d'Afrique ! Si vous désirez voir l'Afrique du Nord et utiliser par la suite votre connaissance du pays, Engagez-vous ! Dans les régiments de : zouaves, tirailleurs, chasseurs d'Afrique, Spahis.* » La suite est encore plus engageante : « *Vous toucherez trois mois après votre engagement : pour un engagement de 2 ans, une prime de 650 francs ; pour 3 ans, 1 950 francs : pour 4 ans, 3 250 francs ; pour 5 ans, 4 550 francs.* » Une petite note, en bas, invite à s'adresser « *aux bureaux de la place de garnison, aux bureaux de recrutement, aux brigades de gendarmerie* ».

Et, tout en bas, un avertissement : « *Cette affiche ne doit être ni recouverte ni détruite.* »

Je suis allé voir, sur le site de l'INSEE, la valeur du franc dans ces années-là. La conversion a été instantanée. 650 francs, en 1929, avaient le pouvoir d'achat de 39 652 euros aujourd'hui. 1 950 francs ? L'équivalent de 112 115 euros. 3 250 francs ? 186 858 euros. Quant à l'engagement de cinq ans, il rapportait 4 550 francs, soit 261 601 euros.

Bref, dans tous les cas de figure, une fortune.

Henri Darmon s'engage chez les spahis.

– 10 –

Sur la photo, il a l'air conquérant. La cape blanche rejetée sur l'épaule, Henri Darmon semble invincible. C'est la règle de l'époque : un soldat se doit d'avoir l'air fier. Il pose, le menton levé, dans un studio anonyme. Il fait partie d'un corps d'élite, dont le recrutement se pratique uniquement sur la base d'un engagement volontaire.

Les conditions sont strictes, pourtant. L'homme doit avoir une taille « comprise entre 1,59 m et 1,72 m », être en bonne santé, capable d'affronter la chaleur du désert, être un cavalier confirmé (l'apprentissage dure trois mois), et parler français. Moyennant quoi il reçoit une paie d'engagement et un uniforme magnifique. Qu'on en juge : la coiffure – le guenhour – est une calotte feutrée blanche, doublée d'une calotte feutrée garance, lacées « l'une dans l'autre ». Une troisième calotte s'intercale et donne à la coiffure une forme de cône renversé. Un voile, le haïck, vient recouvrir l'ensemble. Il est constitué de laine rayée « par des liteaux en bourre de soie ». Mais ce voile, d'une longueur de cinq mètres quatre-vingt-dix, est souvent abandonné au profit du chèche saharien de coton blanc – moitié moins long : deux mètres cinquante –, maintenu sur la calotte par une « corde en poil de chameau à plusieurs brins, de couleur jaunâtre », d'une longueur de dix mètres. Selon les régiments, les cavaliers portent, aux pieds, des brodequins et des jambières ou des bottes molles. De même, le guenhour est souvent remplacé par une simple chéchia, avec un gland « en soie retorse bleu foncé ». S'ajoutent une veste en drap garance, « avec passepoil bleu ciel sur les coutures des épaules, de l'emmanchure, des pièces de dos et des bords », un gilet blanc en drap bleu ciel sur le devant, dos et doublure en toile de coton (sous le gilet « est portée une chemise sans col du modèle général. Pas de cravate »). Les stylistes militaires ont complété avec un pantalon d'ordonnance en drap bleu ciel, « resserré à la ceinture par 32 plis et gansé de coton noir » ; un burnous en drap garance doublé d'un burnous blanc en laine « d'un tissu lisse, serré et égal, d'un beau blanc ne jaunissant point au lavage », ourlé d'une tresse carrée de soie bleu clair ; une bretelle de carabine en cuir quadrillé rouge ; un ceinturon modifié en 1887 avec deux bélières, anneaux servant à suspendre un sabre ou une médaille ; une giberne « entièrement doublée en mouton tanné à l'écorce de chêne » ; une dragonne de sabre ; et, enfin, une ceinture de laine écarlate de six mètres de long, avec liteaux blancs et bleus « demi foncés ».

Il a grande allure, Henri Darmon, dans son attirail guerrier.

*

Mon père ne m'a jamais beaucoup parlé de cette époque. La seule chose que je sais, c'est qu'il est arrivé à Paris en 1932. Si j'en juge par la photo sur les quais, il était encore militaire, en 32. Donc, entre 1929 et 1932, il a été spahi. Il s'est battu. Il a chargé, sabre au clair, dans les montagnes. Il a tué. Il a gagné son surnom de Trompe-la-Mort.

Car l'hymne des spahis, dont j'ai pris connaissance au fort de Vincennes, dans les archives militaires, laisse un mauvais goût :

Humble troupier à la capote grise,
Et toi lancier au casque étincelant,
Hussard fringant dont la moustache frise,
Inclinez-vous devant ces régiments,
Et quand la poudre, comme la foudre,
Éclate et tombe au milieu du combat,
Tout est carnage, sur leur passage,
L'ennemi fuit et ne résiste pas !

Les Mousquetaires, sur cette terre,
Sont les Spahis aux burnous bleus et blancs,
Arrière ! Arrière ! troupes guerrières,
Vous ne vaincrez jamais ces Régiments.
Et vous verrez, sur leurs faces brunies,
De longs sillons, que le fer y creusa,
Et à leurs pieds, les têtes ennemies,
Qu'en moissonnant, leur yatagan faucha,
Jeunes et frivoles, à notre école,
Si vous voulez gagner vos éperons,
C'est dans la plaine, nord-africaine,
Qu'il faut venir, et nous vous dresserons.

Mon père a-t-il été « dressé » ? Pour lui, je n'en doute pas, l'engagement dans les spahis fut la porte de sortie, la possibilité de l'évasion. Il y a trouvé l'horizon.

Ma seule référence est cinématographique. C'est *Gueule d'amour*, le film de Jean Grémillon. Histoire tragique d'un spahi dévoré d'amour pour une cruelle créature : Mireille Balin.

Dans le film, Gabin est un spahi d'enfer. Les femmes, le feu, l'action, le romantisme, le désert, et l'odeur de la poudre.

J'imagine mon père. Magnifique. Toute sa vie, il gardera l'amour des chevaux. Et la méfiance des hommes. Comme Gabin.

J'en suis réduit aux suppositions. Deux ans, trois ans sous les drapeaux ? Celui des spahis représente une main de Fatima, un losange et un croissant. Les spahis algériens se sont illustrés dans des combats à Constantine en 1836, dans les Aurès en 1846, sur le front en Champagne en 1915. L'Armée d'Afrique, pendant la Grande Guerre, a payé un lourd tribut : 270 000 hommes tués, soit les trois quarts des effectifs… Parmi lesquels trois frères Darmon, je ne l'oublie pas.

Je déploie la carte du Maghreb des années 1930. Je plonge dans les livres. Je cherche la trace d'Henri Darmon. Je ne connais ni son régiment, ni son grade, ni son lieu d'affectation. Je n'ai rien. Pourtant, cette époque, dans sa vie, a été cruciale : il est parti de chez lui, pour ne plus revenir. C'est au sortir de l'adolescence qu'il est devenu un errant, et qu'il a vu le sang des hommes. S'il s'est battu, il n'y a qu'une seule raison : les braises de la guerre du Rif. Les ouvrages d'histoire militaire me le confirment.

Le Rif, c'est cette tache montagneuse dans le nord du Maroc. Elle appartient, alors, à l'Espagne, qui en a fait un protectorat. Mais les Français ont des intentions sur Tanger. Dans les hauteurs, il y a un chef de guerre, Abd el-Krim, qui constitue une Armée de libération du monde musulman, et se met à attaquer les Blancs, espagnols ou français. Vainqueur, il applique la charia dans les territoires libérés. En 1925, Abd el-Krim se proclame président de la République du Rif. Une république ? Aux portes de l'Algérie ? La France ne peut le tolérer. Du côté des Espagnols, un général promis à un avenir abject se distingue : Francisco Franco. Il fait bombarder les populations avec du gaz moutarde. Résultat : 150 000 morts, en majorité des civils. La guerre chimique commence. Les Français s'en mêlent, sous le commandement de Lyautey. Qui sera remplacé par un autre général promis à un avenir au-delà du déshonneur : Philippe Pétain.

L'aviation, les gaz, les charges à la baïonnette, l'incendie des villages, les décapitations des « indigènes » photographiées par les reporters occidentaux mettent fin à cette guerre, que les Rifains perdent. Sur le bateau *Abda* qui l'emmène à La Réunion, l'Aigle du Rif, Abd el-Krim confie à un journaliste français son amertume : les coloniaux, dit-il, sont venus pour terroriser les populations, ravager le pays, piller les richesses naturelles. « *Personne ne voulait entendre que nous désirions la paix, l'ordre, le commerce, et l'alliance avec le monde entier, mais puisque les Espagnols voulaient notre extermination, qui peut nous reprocher d'avoir défendu notre liberté et notre religion ?* »

Il ne reverra jamais le pays. La République du Rif tombe en poussière. Abd el-Krim mourra en 1963, en Égypte.

Pour les Français, à la fin des années 1920, il ne reste à faire que des « opérations de police ».

Henri Darmon, sans doute, en fait partie. Il est

un « boujadi », une bleusaille. Il ne le restera pas longtemps. Les opérations de police, alors, sont de véritables raids. Pas toujours efficaces. Les hommes de la montagne ne connaissent pas la frontière entre le Maroc et l'Algérie, simple limite administrative. Les spahis, en revanche, sont soumis à un encadrement, à des règles – qu'ils n'hésitent pas à oublier, en cas de besoin. Leur mission : pacifier la région. Les voici lancés dans des coups de main semblables à celui du capitaine Grivet[1], qui, le 20 mai 1927, lance une opération avec le 22e spahis. À 2h45 du matin, la troupe se met en ordre de marche. Trois officiers français sont sous les ordres de Grivet. Six mulets, un brancard, une centaine d'hommes et de chevaux. Les hommes partent avec un bidon de café, un repas d'orge, un jour de vivres. Objectif : nettoyer la vallée de l'oued Dessaïa. Pour ce faire, il faut investir trois villages : Bou Hellala, Boudir et Dogga. Puis il faudra les fouiller.

Et, pour finir, les brûler.

La troupe à cheval suit les pistes, mal tracées, dans le djebel. Personne ne se fait d'illusions :

---

1. Gandy Alain, *Spahis,* Presses de la Cité, 1987.

les prisonniers seront abattus, de part et d'autre. Le long des ravines, puis des crêtes, les spahis progressent, sous la chaleur qui s'alourdit. Les colonnes s'étirent, les hommes descendent de cheval et continuent à pied, la bride en main. Les deux premiers villages sont déserts. La conclusion est simple : l'ennemi attend dans le troisième village, Dogga. Deux groupes partent en reconnaissance. Tout le monde s'installe sur une crête, et les officiers balaient le pays du regard, avec leurs jumelles. Rien. Au moment où la deuxième colonne parvient à son point de ralliement, un tir nourri se déclenche. Un homme tombe, blessé. Puis un autre. En quelques minutes, quatre morts. Le capitaine Grivet ne descend même pas de cheval. Il comprend que l'ennemi veut attirer ses hommes sur un terrain défavorable. C'est un piège. Il choisit la prudence.

Pendant une accalmie, l'un des maghzens, les supplétifs, repère des mouvements. Il dénombre cinq rebelles qui cherchent à s'infiltrer dans les lignes. On met en place les armes automatiques. Visée à deux cents mètres. On tire. Puis on charge, sabre au clair. Un brigadier est blessé, mais parvient à remonter en selle. L'assaut final sur Dogga aura lieu à 11 h 30.

L'ennemi recule. Les positions se figent. Il ne reste plus qu'à échanger quelques coups de feu sporadiques, Lebel contre Mauser. Les chars tombent en panne. Le temps de les réparer, il n'y a plus qu'une chose à faire : renoncer. Cinq mille cartouches de FM ont été tirées, et huit cents cartouches de mousqueton. En face, combien de morts ? On ne le saura jamais.

L'escadron revient, frustré. Pas de gloire, pas de combat net, pas de victoire. Il reste trois heures de piste pour rentrer. Le capitaine Grivet sera, plus tard, l'auteur d'un traité de tactique.

Je vois Henri Darmon, le visage couvert de sueur et de poussière, rentrer à la base, au pas fatigué de son cheval dont la bouche mousse sur le mors.

« Tout est carnage, sur leur passage,
L'ennemi fuit et ne résiste pas ! »

Amère plaisanterie, que cet hymne.

Dans ces confins « maroco-algériens », rien ne sera jamais réglé. Le 3 mai 1930, le président Doumergue vient à Alger, en visite. Les actualités filmées sont là. Depuis cent ans, l'Algérie fait « partie intégrante de la France ».

C'est sur le site de l'INA que j'ai retrouvé les

trois minutes de ce reportage Pathé Journal. J'y ai cherché mon père.

Je regarde, je regarde. Deux vedettes battant pavillon français quittent le croiseur *Duquesne* et transportent le président Doumergue et le maréchal Franchet d'Espèrey, né en Algérie, et qui s'est illustré à Salonique en 1918. Fanfare, coup de sifflet, accostage, coups de canon. Puis calèche d'honneur entre les rangs des soldats africains coiffés de la chéchia, au garde-à-vous. Doumergue, en habit de cérémonie, agite son haut-de-forme. La foule est nombreuse. Sur la route qui le mène au monument aux morts du boulevard Laferrière, le président est accompagné par un escadron de spahis.

Je cherche, encore et encore, image par image, le visage de mon père. Tout est trop flou, la pellicule trop abîmée. Une minute et trente-neuf secondes : voici l'escadron de spahis, à cheval. Les hommes, avec leurs burnous blancs (non jaunis), sont magnifiques. Ils avancent en rangs serrés, calmement, devant les spectateurs qui lèvent leurs chapeaux. Mon père est là, j'en suis sûr, je le sens. Après la « présentation des chefs indigènes » au palais d'Été, une voiture découverte emporte, lentement, le chef de l'État. De nouveau, des spahis. Ils saluent, sabre devant le visage. Ils sont de dos.

Il y a des tirailleurs, des goumiers, des gendarmes, des méharistes, des grenadiers, des voltigeurs, des chasseurs, des marins et des zouaves.

Où es-tu, papa ?

Finalement, Gaston Doumergue ira à Oran, le 13 mai, où il sera reçu par le maire, qui l'accompagnera aussi à Mers-el-Kébir. Toute la ville sera là, dans la rue. Toute la ville, oui, vu l'importance de l'évènement. Et, sûrement, ma grand-mère paternelle, Léa.

Des bribes, encore. Je me souviens que, parfois, à table, mon père évoquait les chevaux des spahis. Et des bagarres occasionnelles. Notamment avec un adjudant qui, pour régler l'affaire, avait tombé la veste et « à qui j'ai mis le compte ». Pour le reste, rien. C'est comme s'il avait mis entre parenthèses cette époque. Pourtant, la mythologie des spahis est puissante, encore aujourd'hui. Et les femmes, à l'époque, appréciaient ces beaux gars dans des uniformes sublimes. Sans parler des maisons closes…

Celles-ci, à Alger, se situaient dans la Casbah, rue Barberousse ou rue de Chartres. Il y en avait soixante-huit. À Oran, dix-huit bordels étaient répertoriés. La visite d'un haut gradé, visiblement saoul, en 1930, a laissé des traces. Car ce dernier, monté sur une table, harangue les clients, dont de nombreux militaires : « *Nobles seigneurs qui m'écoutez et vous autres, sordides truands que j'admire, apprenez, si vous ne le savez pas déjà, que nous sommes venus dans ce pays pour civiliser les hommes et... pour nous faire syphiliser par les femmes.* »

Il y a un mot, dans ce discours d'homme bourré, qui retient mon attention : « truands ». Car je comprends, dès lors, que le Milieu commence là, dans les bordels militaires d'Oran. Des voyous de Marseille, de Calvi, d'Ajaccio, sont présents, à l'affût. Et Paul Carbone, légendaire associé de François Spirito, a des rabatteurs en Algérie. Ils alimentent son empire de prostitution en métropole et en Égypte. Carbone aura un avenir dégueulasse : mêlé à l'affaire Stavisky, supplétif de la Gestapo, il mourra dans un attentat en 1943, les deux jambes arrachées.

Henri Darmon entre en contact avec la truanderie venue de la métropole. Paris et ses petites femmes…

Enfant, je n'avais pas la curiosité de demander. La carrière militaire de mon père reste obscure. Je me rends compte, aujourd'hui, que j'avais vaguement envie de savoir, mais mon antimilitarisme d'alors m'aveuglait, et je ne savais pas comment aborder les choses. Je n'osais pas. J'hésitais. Il aurait fallu le pousser, le coincer. Peut-être avait-il été un Lawrence d'Arabie en Algérie ? Un sacré lascar des douars ? Rien ne filtrait. Je rôdais autour de mon père.

Il était fermé. Il n'avait rien gardé. Ni sabre, ni médaille, ni chèche. Mais quand il s'est proposé à ma mère, c'est la photo en tenue de spahi qu'il a envoyée. Elle s'est fiancée à distance à un uniforme. Elle a épousé un marchand de vin. Trompe-la-Mort s'était rangé.

*

Il y a eu deux Trompe-la-Mort célèbres, dans le passé. D'abord, Vautrin. Ancien forçat, chef d'une bande de truands, boss au bagne de Rochefort, puis faux aristocrate, véritable escroc, amoureux de Rastignac et de Rubempré, assassin, indicateur de police, il a été imaginé par Balzac. « Trompe-la-Mort » n'est que l'un de ses noms occasionnels. C'est un personnage fascinant, certes, mais détestable. En plus, il aime les jeux garçonniers. Rien à voir avec mon père.

En revanche, l'autre Trompe-la-Mort, je l'aime bien. C'est Marius Jacob, le voleur dont Maurice Leblanc s'est inspiré pour inventer Arsène Lupin. Anarchiste libertaire, adepte de la « reprise individuelle » (le vol justifié par la lutte des classes), as du déguisement, il avait une carte de visite : « Dieu des voleurs, recherche les voleurs de ceux qui en ont volé d'autres. » Il plongea au bagne en disant au juge : « Le droit de vivre ne se mendie pas, il se prend. » Il y resta plus de vingt ans, tenta de s'évader dix-sept fois, et, devenu vieux, prêta la main à la Résistance. Puis, malade, solitaire, il laissa un mot en 1954 : « *Excusez. Vous trouverez deux litres de rosé à côté de la paneterie. À votre santé* », avant de se suicider dans son lit, avec son chien.

Dans la confrérie des Trompe-la-Mort, Marius Jacob me plaît.

Dans la mythologie du bagne et celle de l'armée, les Trompe-la-Mort se faisaient tatouer leur surnom sur la poitrine. Henri Darmon ne l'a pas fait, mais je suis certain qu'il a gagné ce sobriquet sous la gandoura des spahis. Un peu de chance, beaucoup de défi, une fierté totale, un mépris affiché du danger : mon père était de cette race d'hommes qui ne reculent pas. Un jour, je lui ai demandé :

– Papa, ça veut dire quoi, Trompe-la-Mort, pour toi ?

Il m'a répondu, un peu amusé :

– Ça signifie quoi, d'après toi ?

On en est restés là.

C'est en « montant » à Paris que le petit prince est devenu roi. C'est à Paname que le jeune Trompe-la-Mort est passé au stade supérieur. Si, dans le djebel, il avait esquivé les balles ennemies, à Montmartre, il a sûrement évité des coups de couteau.

Car, en 1932, en changeant de lieu, il change de profession.

Même Sinatra est passé par cette métamorphose. Il était chanteur de charme, il est devenu acteur. Je le revois, maigre et chétif, dans *Tant qu'il y aura des hommes* : il se fait tuer. Mais plus tard, il sera un détective – Tony Rome – acide, démêlant des affaires de corruption et de meurtre, vêtu d'un imper, la cravate desserrée, le chapeau légèrement rejeté en arrière. Un homme sans illusions… Ol' Blue Eyes a viré de bord. Lui, le copain de Sam « Momo » Giancana, le supplétif de la Maffia dans la vraie vie, il est devenu flic au cinéma.

Henri Darmon, lui, a troqué le chèche contre le Borsalino. Il a abandonné Oran pour toujours. Il va devenir un « homme ». Dans l'argot de l'époque, le mot sous-entend : « à la redresse ».

Il a trompé la mort dans le djebel, il trompera la mort sur le pavé.

– 11 –

Paris, c'est magnifique. Certes, la crise est là, qui jette les hommes dans la rue, qui voit la gauche populaire affronter les Camelots du Roi, qui rejaillit en grèves et en bagarres, mais, pour Henri Darmon, ce Paris-là vaudra toujours mieux que le bled, laissé loin derrière. Il ne se soucie pas de la politique, il ignore tout des débats qui agitent les Chambres, il est juste heureux de voir la Seine et, tout là-haut, Montmartre.

Il est « monté ». Il est dans son royaume, enfin. Il ne reste plus qu'à le conquérir.

1932, c'est une année charnière. Paul Doumer, président de la République, est assassiné. Albert Londres disparaît dans le naufrage d'un paquebot. Céline publie *Voyage au bout de la nuit*, Franklin D. Roosevelt devient président des États-Unis, le dernier empereur de Chine Pou Yi s'installe sur le trône d'un pays fantôme, Hitler obtient 30 % des suffrages à Berlin, Johnny Weissmuller se balance d'arbre en arbre dans *Tarzan* et Fritz Lang signe *M le Maudit*. Henri Darmon essaie de survivre. Il a vingt-deux ans.

La raie sur le côté, les cheveux soigneusement gominés, il pose, sur l'une des photos, en costume. Cravate, veste à large revers, regard intense. Visiblement, il a conscience de jouer son va-tout. C'est ici et maintenant, à Paris, que son avenir va se déterminer. Il faut qu'il envoie de l'argent à la famille. Ils sont nombreux, là-bas, à attendre son aide. Ses sœurs et ses frères sont encore petits. Léa tire le diable par la queue. En 1962, quand l'Algérie explosera, il la fera venir. Entre le cercueil et la valise, elle choisira la valise... En attendant, il faut avancer.

S'il n'a pas été dressé par les spahis, en revanche, Henri Darmon a été dressé par sa mère. Quand elle l'a surpris en train de commettre un petit larcin, dans son enfance, elle lui a fait poser la main sur la table, et a appliqué un fer à repasser – légèrement chauffé, mais pas au rouge – sur la main voleuse. La leçon a été retenue. *Le Lévitique* l'affirme : « Ne volez pas, ne mentez pas, n'agissez pas avec fausseté. » Si c'est le cas, il faut payer.

L'armée l'a pris en charge. Pendant deux ans, Henri Darmon a pu envoyer de l'argent à sa mère et se soulager ainsi de ce poids qui lui creusait les reins : la responsabilité d'une famille, devoir sacré. Il en garde un bon souvenir, de cette discipline militaire, de cet ordre rigide qui lui a donné un cadre de vie. Il a été un gamin des rues, libre. Il est devenu soldat, soumis aux décisions et aux règles. Il va passer à un autre stade : une liberté choisie et défendue. Il a appris l'espagnol avec les dockers. Il parle le judéo-andalou-arabe, la deuxième langue des Juifs pieds-noirs d'Algérie après le français. Il passe de défi en défi. Parler l'anglais, comme groom, en a été un. Monter sur un cheval chez les spahis en a été un autre. Vivre à Paris, sans éducation, sans spécialité, les mains vides, en est un nouveau. Il y aura d'autres défis, plus cruciaux, plus urgents, plus menaçants. Mais Paris, c'est un sacré challenge.

Les Juifs sont partis d'Algérie, d'abord petit à petit, puis, comme Léa, en plus grand nombre, avec la valise et sous la menace du fusil. L'âge d'or de la cohabitation est passé. Il ne reste que des flambées de haine, des fièvres d'incompréhension, aujourd'hui. Pour qu'il n'y ait pas de méprise quant à mes propos, je réaffirme que je suis pour l'indépendance des peuples, contre toute forme de colonisation. Mais la vérité, la vérité vraie pour les hommes et les femmes de ces générations-là, c'est que l'Algérie leur manque.

Et que, d'une certaine façon, ils manquent à l'Algérie.

Pour Henri Darmon, l'avenir s'inscrivait ailleurs. L'exil, toujours l'exil.

Il aura toujours la nostalgie du pays. Ma mère aussi, d'ailleurs. Les colons ont provoqué cette colère, qui est retombée sur nous.

L'Histoire présente la note, toujours.

Au fond, pourquoi mon père est-il parti ? Nécessité économique, oui. Besoin d'ailleurs, certes. Tentation de Paris, évidemment. Mais...

Mais il y a, je le sens, autre chose. Un événement marquant. Un point tournant. Est-ce dans le port, quand il traînait avec ses copains, entre les boutres et les cargaisons de charbon ? Est-ce pendant son service dans les spahis qu'un affrontement a mal tourné ? Est-ce le déplaisir d'être un militaire au service d'une puissance coloniale ? Je suis dans le noir. Je penche plutôt pour un fait divers, quelque bagarre qui aurait dégénéré dans un bouge, un règlement de compte qui aurait dérapé dans un bordel, une menace obscure au fond d'une ruelle des bas-fonds, une chicane avec un Espagnol dont les compères étaient les caïds du milieu, à Oran. Henri Darmon serait parti, entre autres raisons, pour se faire oublier.

Ce serait bien dans la logique du personnage. L'Algérie est devenue trop chaude pour lui. Il s'embarque et s'en va.

De quoi s'agit-il ? Je ne sais pas, je ne le saurai jamais. Mais, quand je rêve aux bateaux de safran, je me dis que mon père, en quittant Oran, est entré dans le silence.

*

À Paris, Henri Darmon fait son trou. Il a commencé par vivoter, cherchant des petits boulots. Il a appris à tuer, dans les spahis. Il a certainement vu des choses – villages incendiés, rebelles exécutés, femmes violées, copains blessés achevés – qui étaient courantes dans les « coups de main » sur les poches de résistance. Il s'est endurci.

La première chose, à Paris, c'est le froid. Quand on vient d'Oran, il faut s'habituer. Se trouver un nid, de préférence avec une chaufferette. Après avoir fait deux ou trois hôtels miteux, Henri Darmon s'installe rue des Plantes. C'est loin de ses deux terrains d'élection, le faubourg Montmartre et la Bastille, mais c'est calme et bon marché. La rue a un air de province, et c'est le Haut-Montparnasse, où les peintres fauchés, les petits macs de la rue de la Gaîté et les ouvriers des manufactures de la banlieue sud se logent. Henri Darmon va rester là longtemps. Il fait ses racines.

Sans doute, en arrivant, a-t-il déjà des adresses. Il commence à fréquenter la rue de Lappe, le Balajo, la Boule rouge, la Bastoche, tous les endroits interlopes de Paris. Mais il est aussi très attiré par l'atmosphère artiste de Montparnasse. On y croise Foujita et Soutine, Max Jacob et Chagall, ainsi que d'innombrables rapins qui espèrent percer dans le milieu de l'art. Certains, comme Ossip Lubitch, dessinent des cravates pour se faire un peu d'argent ; d'autres, comme Federico Cantu, vendent des cartes postales et des timbres ; Alexandre Garbell, entre deux toiles, joue du piano dans un bar…

Toute sa vie, Henri Darmon sera sensible à ces vibrations artistiques. Prendre un café-crème à La Coupole, « bar américain » nouvellement créé, en écoutant le babil des langues de toutes nations, voilà qui lui fait plaisir. Il aime cette vie artistique qui chauffe, vie qu'il n'a pas les moyens intellectuels de pénétrer. Du moins peut-il l'effleurer. Il sent qu'il se passe quelque chose, là.

Mais il se passe bien autre chose juste à côté, rue de la Gaîté, cette rue où les dames de la nuit racolent les marins débarqués de la Gare Montparnasse. Il y a aussi une flopée de bordels, dont le plus fameux, Le Sphinx, se trouve à un jet de bouchon de champagne de La Coupole. L'art et l'érotisme, quoi de mieux ? Marlous et artistes, bon bain. Le quartier est du sur-mesure pour Henri Darmon.

Dans un premier temps, mon père fait comme les autres : il travaille. Il est engagé chez Renault, dans le XVe, pour faire des essais de moteur. Il y livrera la plus grande bagarre de sa vie. L'un des gars, là, lui cherche noise, et lui balance quelque chose comme : « Retourne dans ta casbah ». C'est un colosse de deux mètres. Henri Darmon n'est pas homme à laisser passer. Il tombe la cotte, et place à l'explication. Le western commence : les deux hommes roulent par terre. L'insulteur a l'avantage de la taille et du poids. Henri Darmon est plus vif, plus déterminé, et il a fait ses classes dans la rue. Il gagne. L'autre : au tapis. C'est à coups de poing dans la gueule qu'on gagne le respect.

Mon père me racontera l'affaire plus tard. Avec une mise au point : « J'avais raison. » Sous-entendu : quand j'ai raison, je peux m'attaquer à une montagne.

D'autant plus que les Oranais, dit-on, ont une tête en marbre doublée en téflon. Utile pour le coup de boule fatal.

Il ne reste pas longtemps chez Renault. Il a trouvé un autre job : au Casino de Paris, il est danseur mondain. C'est un drôle de travail. Mis sur son trente-et-un, élégant, le gars a un numéro et attend les clientes, souvent des rombières en mal d'affection. Selon le nombre de tickets achetés par la cliente, le danseur exécute avec elle un tango ou un paso, une valse musette ou un slow-fox. Bref, il frotte.

L'idée, c'est d'affoler la cliente, de lui en donner pour ses sous. Les danseurs mondains ont un truc imparable : ils mettent un morceau de baguette rassise dans le pantalon, avec une petite ficelle qui remonte dans la poche. Quand la cliente sent quelque chose de dur se relever dans le pantalon du gars, elle est contente. Le pourboire est à la mesure de la baguette.

Quelquefois, les tours de piste mènent à autre chose.

L'autre chose, pour Henri Darmon, c'est une femme de colonel, venue au Casino de Paris faire quelques pas de valse lente. Elle tombe raide folle de lui. Elle est plus âgée, il devient son amant. Elle le prend sous son aile. Et, en bonne bourgeoise, commence par faire son éducation.

Ils sortent ensemble dans des lieux auxquels il n'a pas accès. Elle lui enseigne les manières de table, dont il ignore tout. Elle l'habille, pour en faire un élégant. Elle exige aussi l'exclusivité :

pas question qu'il continue à frotter avec d'autres femmes, à faire le gigolo sur la piste de danse du Casino de Paris.

Elle l'adore.

Il apprend à effeuiller un artichaut en prenant délicatement chaque feuille entre les dents de la fourchette. Il n'est plus gigolo de danse, mais gigolo tout court. Aujourd'hui, on dirait : c'est un toy boy avec une cougar. Et ça passerait. Mais, à l'époque, c'est nettement plus scandaleux. De plus, cette liaison, qui dure des mois, est à sens unique. Bien évidemment, Henri Darmon n'est pas amoureux. D'autant plus que la jalousie de la dame est agaçante.

Celle-ci se doute assez vite qu'il y a d'autres candidates plus jeunes. Elle le traque. Elle le surveille. Et, un soir, elle le surprend dans un hôtel avec une grisette. C'est l'explosion : la colonelle poursuit mon père dans les couloirs, un pistolet à la main ! « Je vais le tuer ! Je vais le tuer ! » crie-t-elle en agitant le revolver Lebel 8 mm de son mari. Lequel ne voit rien de déplaisant dans cette situation. Il est établi, semble-t-il, que chacun vit sa vie et mange des pêches avec qui il veut.

D'ailleurs, pour une raison inconnue, le colonel aura le bon goût de décéder pendant la liaison de sa femme. Ce qui laisse la veuve libre de ses choix. Circonstance aggravante, en ce qui concerne la jalousie.

Mon père me dira, une ou deux vies plus tard : « Je n'ai jamais eu aussi peur qu'avec elle. Ni dans le djebel, ni dans les rues, ni dans les bagarres, ni dans les accrochages. »

Je le retrouve, mon père, en filigrane. C'est comme si je regardais un négatif de cliché à contrejour. Il apparaît dans la pénombre, silhouette à peine croquée par une main invisible. Il est indéchiffrable. Mais moi, son fils, j'ai compris des choses. Quand il arrive à Paris, Henri s'installe à Montparnasse et fréquente les rades de la Bastille et du faubourg Montmartre. C'est là que vont les Oranais. Ils sont peu nombreux, mais ils se tiennent les coudes. Ce sont des marlous, zonant dans la grisaille d'une petite délinquance. Ils ne peuvent pas devenir des caïds – ce serait mal vu des Corses et des Marseillais, qui tiennent la place. Mais ils peuvent bricoler.

Henri Darmon, très vite, bricole.

Une partie de poker acharnée lui fait gagner trois filles que son adversaire d'un soir, à court de cash, lui cède.

Mon père devient mac.

Pas pour longtemps, cependant. Il me dira plus tard qu'il détestait ça, et qu'il s'est vite arrangé pour récupérer son argent et se séparer des filles. Il n'avait aucune considération pour les souteneurs. Et ceux qui frappaient les femmes et les enfants n'étaient pas des hommes.

Le faubourg Montmartre et la Bastille : deux pôles d'apaches. C'est une société nocturne, une société d'hommes. Les Corses jouent aux cartes et aux dominos rue Bergère, les filles sont dehors, sur le trottoir. Les Oranais sont rue de Lappe, et surveillent les alentours en buvant des anisettes. Il y a aussi des succursales au Sébasto, du côté des Grands Boulevards, à la porte Saint-Denis ou même à la Madeleine. Des petits établissements sont assignés pour les passes : l'hôtel des Deux Hémisphères, rue des Martyrs, est bien connu. Édith Piaf y séjournera avec Louis Dupont, son premier amant, en 1932, justement.

Entre deux tournées, les hommes ont des petits jobs : bookmakers, chauffeurs, garçons de café ou boxeurs de foire. Puis tout le monde se retrouve, le soir, au Casino de Montmartre, à la Scala ou à l'Eldorado, pour écouter Maurice Chevalier ou Fréhel. Parfois, les filles sont vendues à des souteneurs étrangers : la Pologne et l'Argentine sont très demandeuses de « Parigotes ». Les affaires entre hommes se règlent au couteau sur les fortifs, entre la porte de Clignancourt et la porte des Poissonniers, dans la zone, sur des terrains vagues où les homosexuels viennent chasser le beau marlou. Les Corses ont leur code : « Un homme se sert du couteau, pas du browning. » Les gars portent des noms pittoresques, Bibi la Filoche, Raymond l'Affranchi, Nonosse, Petite-Moustache, Julot Doublepatte, qui hantent les impasses en gardant un œil sur leurs « marmites » : ils connaissent tous les bonimenteurs des rues, les indics, les faux aveugles, les vraies orphelines, et savent pousser la romance des « nuits brunes et de l'amour éperdu » à une petite lavandière avant de la mettre au boulot. Les séducteurs inventent des « pièges à bonniches ».

À l'ombre du Sacré-Cœur, les filles travaillent à genoux, mais pas pour prier.

Henri Darmon se mélange avec les Corses. Il se fait accepter. Gagne un deuxième surnom :

Riquet-de-la-Bastille. Il surnage avec facilité dans le milieu interlope de ces années-là. Peut-être s'est-il fait quelques relations dans les tapis-francs d'Oran... Je l'imagine regardant avec curiosité tout le petit cirque de Montmartre : les artistes qui viennent s'encanailler, Cocteau et Picasso au Théâtre des Arts, Suzy Solidor la lesbienne qui chante chez Casanova, Paul Morand qui traîne entre les poules fardées et les fêtards attardés, Pierre Brasseur qui tabasse les bourgeois en sortant de la brasserie Graff. Il y a des boîtes russes – c'est la mode des « Grands Ducs » – notamment rue de Douai et rue Fontaine, où Joseph Kessel casse des verres, et où atterrissent des provinciaux attirés par les néons : « Montmartre, ça leur fait l'effet de vers luisants dans les champs de leur village. On les appelle des "culs-luisants" », remarque l'un des gars.

Trompe-la-Mort se fait un nom, aussi, entre Freddy Fred, Paulo le Boxeur, Dédé ou Ficelle. C'est important, de se faire un nom, ça pose un homme. Les Corses ont leur héros : Manda, l'homme de Casque d'or. Il a laissé le souvenir d'un type à la redresse, qui a fini au bagne. Il y a également un autre petit truand, avec un tatouage de papillon, qui se fait remarquer en mettant une balle dans le ventre d'un souteneur.

Henri Charrière, surnommé « Papillon », est « un blême gringalet aux pommettes dures, à l'œil inquiet et féroce », selon les journaux. Jugé, il est interrogé par le président du tribunal : « En somme, vous faites partie de la pègre. – Il n'y a pas de pègre à Montmartre, monsieur le président. » Direction : le bagne.

C'est aussi l'époque de Stavisky, et du suicide du conseiller Prince, affaire crapuleuse où sont mêlés les deux Corses, Carbone et Spirito. À Pigalle, deux bandes, également corses, s'affrontent : celle de Stefani et celle de Marini. Toutes les deux trafiquent des femmes et de la came. On ne plaisante pas avec ces choses-là. Maurice Chevalier, qui chante soir après soir « Prosper, yop la boum ! C'est le chéri de ces dames… », et qui fait rire l'auditoire de l'Alhambra avec les aventures de ce Prosper un tantinet maquereau, reçoit un soir un billet : « Pas touche aux Corses ! » Dans les années 1930, jusqu'à la guerre, les Corses sont les rois du pavé. Au Petit Maxim's ou au Franco-Belge, on peut les admirer : costume bleu pétrole à rayures, cravate blanche ornée d'une perle, Borsalino incliné, chaussures bicolores. Ils sont souvent, aussi, à L'Aquarium, l'arrière-salle du Grand Café place Blanche. Tout ce petit monde se méfie des « Arabes », terme collectif qui désigne aussi bien les Arabes, les Berbères que les Juifs venus du Sud.

Les années 1930 sont celles où deux durs de durs vont devenir célèbres : Pierre Loutrel, dit Pierrot le Fou, et Jo Attia. Celui-ci, avant de collaborer avec les nazis et, plus tard, d'être mêlé à l'affaire Ben Barka, a fait ses armes où ? Dans les Bat d'Af. Tout comme un autre grand voyou, Georges Hainnaux, dit Jo-la-Terreur.

L'Armée d'Afrique a été pour nous l'école du vice et du crime, disent-ils.

Pas que pour eux, certainement.

Chez les voyous, il y a aussi un code des bonnes manières, plus rigoureux que celui de la colonelle. La parole donnée, le respect dû aux patrons, l'observation des territoires, le standing vis-à-vis des autres. Henri apprend tout cela. L'argent est facile, la place est à prendre. Il la prend. Le soir, Henri Darmon danse. La nuit, il séduit. Dans la journée, il ramasse les sous. Il se construit l'image du mec. Beau mec, en plus. Trompe-la-Mort est dandy.

Je n'ai pas envie de romancer cette vie-là. Pourtant, ce serait facile : Francis Carco, Mac Orlan, Audiard, la poésie des mauvais garçons, les fleurs de pavé, tout est là pour la mythologie. Il me serait aisé d'imaginer, de créer des aventures, des coups de main, des sorties avec Arsène Lupin ou Milord l'Arsouille. Mais non : c'est mon père. Les quelques morceaux épars de sa vie resteront épars. Ma mémoire incertaine et sa mémoire brumeuse se fondent. Et c'est ma façon de lui rendre hommage, de lui dire que je l'aime.

Il me disait : « Si tu ne sais pas danser la valse à l'envers, tu ne sais pas danser. »

Il insistait : « Tu vois, Gabin, lui, il danse bien à l'envers. »

Devant moi, cet homme déjà âgé redevenait un titi. Maintenant qu'il est parti, je remarque chez moi, par moments, cette même tendance. Je me surprends parfois à faire le titi parisien. Mais moi, je n'ai pas l'accent.

Henri Darmon, dans cette avant-guerre, survit agréablement. Il a des « copines » – qui lui rendent la vie agréable. Les Corses l'ont accepté. Quarante ans plus tard, par hasard, il rencontre un Corse, Antoine, devant moi. Celui-ci a fréquenté le milieu. Entre les deux hommes, c'est un déferlement de souvenirs : ils bavardent, ils bavardent. Antoine évoque Dédé-la-Peugeot, et Henri s'en souvient bien : « Il avait qu'une seule marque de voiture, dans la vie, celui-là ! » Henri parle de Roger-la-Tomate, et Antoine lève les yeux au ciel, bien sûr il l'a connu : « Il rougissait dès qu'on lui parlait. » Moi, j'assiste, un peu ébahi, à cette réunion entre deux barons qui causent de Ficelle, de N'a-qu'un-œil, de Taxi... Un soir, je leur offre, à tous deux, des places pour un match de boxe. Les deux hommes se placent là où ils ne doivent pas : les sièges sont numérotés. Deux assesseurs, poliment, viennent les déloger. Et je vois cette scène extraordinaire : les deux anciens lancent aux assesseurs un regard qui leur vient de la Bastille. Un regard qui veut dire : « Laissez tomber. » Et les deux assesseurs laissent tomber. Pourquoi ? Je ne sais pas. Cinq rangs derrière, j'observe la scène, muet et amusé. J'apprendrai plus tard que ces deux places étaient réservées pour le consulat de France.

Il a enfin un peu d'argent. Henri Darmon change de statut. Il a sa maîtresse, ses petites amies, il habite rue des Plantes, et les flics ne l'ont pas dans le viseur. Il est discret, il sait faire le coup de poing quand il faut, il règle des conflits à sa manière, il danse au son du musette au Balajo, il s'habille en prince-de-galles. Parfois, il fait le charleston ou le tango. Il excelle au paso doble et à la java. « Quand tu danses, me disait-il, tu mets la main à la taille, tu fermes tes doigts. Ni trop haut, ni trop bas, tu la soutiens à peine. »

Il trafique, aussi. Cigarettes. Objets tombés du camion. Fausse poudre aphrodisiaque, à base de mouches écrasées. Coco, chnouf. Il se débrouille comme il peut. Les années passent. La politique ? Henri Darmon ne s'y intéresse toujours pas. Il reste dans un anonymat prudent, parce qu'il est juif. L'antisémitisme, alors, est virulent. Pas question de se faire remarquer, quand on est métèque. Pour l'instant, ça va. Mais dans peu de temps, les années terribles vont arriver. Les métèques vont avoir du mal à survivre.

Toute sa vie, mon père va passer entre les gouttes. Aux archives de la préfecture de police, au Pré-Saint-Gervais, je n'ai rien retrouvé, malgré l'aide précieuse des documentalistes. Aux archives de la Justice, pareil : rien. Aux archives section Algérie, rien. Henri Darmon n'a jamais été inculpé, jamais repéré par les flics, jamais enregistré comme souteneur, jamais estampillé comme voyou. Dans ces couloirs tapissés de dossiers, d'où s'échappent des feuillets signalétiques, des photos de truands, des récépissés, des rapports d'enquête, des descriptions de crimes, rien sur Henri Messaoud Darmon.

Il n'est qu'un fantôme inexistant.

On me dit que beaucoup d'archives ont été brûlées, détruites, déplacées, envolées. Peut-être. Mais c'est bien dans sa manière.

*

La trace administrative a été effacée, soit. Mais il reste une autre mémoire, celle des rues. Et celle-ci va surgir à l'improviste. Un jour, dans les années 1970, alors que je suis avec mon père au faubourg Montmartre, accoudé au comptoir d'un bistrot à l'ancienne – bar en bois foncé et en zinc, œufs durs sur le présentoir, repose-pieds sous la semelle, sciure sur le sol –, le vieux barman est en discussion avec le seul client du lieu. Celui-ci l'écoute d'une oreille distraite, le regard perdu dans son verre de muscadet. Apparemment, ce n'est pas le premier.

– Ah non, le quartier, c'est plus ça, y s'passe plus rien, moi j'me rappelle…

Et de décrire l'ambiance d'avant-guerre, ces messieurs qui venaient boire leur chambéry-fraise et se réunir dans l'arrière-salle. On se croirait dans une page de *Jésus la Caille*. Et le gars enchaîne :

– Je les ai tous connus ! Roger-la-Tomate, Dédé-la-Peugeot, Ficelle, Taxi… Y v'naient tous ici !

Coup de torchon sur les verres.

– Il y a un, par contre, que j'ai pas connu. Mais j'aurais bien voulu ! C'est Riquet, celui de la Bastille…

Mon père sourit, me regarde, relève son chapeau, regarde le barman, et dit :

– Riquet-de-la-Bastille ?

– Oui !

– Tu l'as devant toi.

– Oh ça ! Par exemple !

Le vieux barman est stupéfait. Il a arrêté son geste, il comprend intuitivement que c'est vrai, c'est lui, Riquet de la Bastille, là, devant lui. Il est ravi. Il paie son coup. Et, lâchant son torchon, les yeux brillants, il tend la main. Il vient de rencontrer un mythe.

Moi, je ne dis rien.

Sur la vie de mon père...

Je bois mon verre avec Riquet, mon père. Son passé vient de se poser sur le comptoir, en douceur.

Je suis le fils d'un de la Bastille, un malfrat.

Paradoxalement, c'est d'avoir été un voyou, et un voyou discret de surcroît, qui lui a sauvé la vie.

– 12 –

Le 16 juillet 1940, Vichy entre dans l'abjection. Alors que les nazis n'ont encore rien demandé, Pétain impose un premier décret qui ordonne la révision des naturalisations postérieures à 1927. Le 3 octobre, voici le premier statut des Juifs préparé par le ministre de la Justice, Raphaël Alibert : les Juifs sont interdits dans la politique, dans l'appareil judiciaire, dans la fonction publique. Le 4 octobre, autorisation est donnée d'interner les Juifs étrangers. Le 7 octobre, les Juifs d'Algérie sont privés de la nationalité française. Pétain, de sa propre main, durcit le document d'octobre qui vise les Juifs de France.

Henri Messaoud Darmon n'est plus français. Il est apatride.

Le temps est à l'inquiétude. Les premières rafles, avec les forces allemandes aidées par la police française, ont lieu en 1941. En mai, près de quatre mille hommes sont ainsi raflés. Parmi eux, des Juifs polonais, des Juifs tchèques et 123 Juifs apatrides. En août 1941, la police française ratisse Belleville et le IXe arrondissement, c'est-à-dire Pigalle. Résultat : 7 443 arrestations. Le 12 décembre 1941, on recommence. Direction : Drancy ou Beaune-la-Rolande. Puis, selon le bon vouloir des bourreaux, Auschwitz ou Buchenwald. Louis Darquier de Pellepoix, président du Rassemblement anti-Juif, veut « rendre la France aux Français par une lutte implacable contre la coalition des internationales juive, maçonnique et marxiste ». Il va devenir directeur du Commissariat général aux questions juives, et mourra dans son lit, le salaud, à Malaga, en Espagne, en 1980, persuadé qu'à Auschwitz, « on ne gazait que des poux ».

La vie devient compliquée : on risque de se faire arrêter en sortant du cinéma, en allant chercher du lait ou en se promenant dans la rue. Mon père, j'imagine, prend ses précautions. Il est vrai que le milieu, pour l'instant, agit comme une planque. Les grands voyous ne sont pas encore entrés dans la collaboration, ils ne vont pas tarder, et la loi du silence règne. Le marché noir arrange tout le monde, Allemands compris. Les truands sont tolérés, voire littéralement enrôlés comme hommes de main. Tout se fissure.

Un jour, en novembre 1941, mon père est prévenu : on va venir le chercher. Il a été vendu. Désigné comme Juif apatride. Qui l'a donné ? Maurice Lévy, son beau-frère. Lequel, arrêté, apeuré, soumis à la question, a lâché une phrase qui condamne Henri : « Si vous ne me croyez pas, allez demander à mon beau-frère rue des Plantes. » De quoi s'agit-il ? Probablement de marché noir. Rien de bien grave : peut-être un peu de beurre ou de tissu. Mais la Gestapo suit la piste : on vient chercher Henri Darmon chez lui. Il n'est pas là. Il est sur le toit de l'immeuble. L'informateur lui a sauvé la vie. Mon père passe la nuit sur le toit, en chemise : il fait un froid glacial. Quelques jours plus tôt, il est tombé sept centimètres de neige sur Paris. Les Allemands, secondés par des Français, s'en vont. Désormais, il est recherché.

Les mois passent. Henri Darmon survit comme il peut. Il faut se méfier de tout et de tous. Ça y est, c'est fait : Henri Lafont s'établit comme auxiliaire des nazis, et met sur pied un business de gangstérisme rue Lauriston. La belle discrétion du milieu a vécu. C'est fini : il y a les voyous collabos et les voyous qui s'en foutent. La confiance s'est évaporée. Il ne reste que quelques vagues amitiés personnelles. Et encore.

En 1942, les Allemands se font pressants : ils veulent leur quota de Juifs à brûler. Cette fois-ci, Henri Darmon est arrêté. Première phase : l'interrogatoire. Dans un endroit discret, Henri Darmon est questionné, de nuit. Il ne répond pas. On le frappe. Il ne dit rien. On le frappe. Il s'enferme dans le silence. On le frappe. Est-il juif ? Il se tait. Curieusement, dira-t-il plus tard, « ils n'ont même pas vérifié si j'étais circoncis ». Le visage en sang, il sait que sa dernière heure est venue. Sans doute va-t-on le jeter dans un camion pour Drancy, et, de là, on l'expédiera Dieu sait où. Il perd connaissance. On le ranime avec un seau d'eau. Il fixe dans sa mémoire, avec haine, le visage du collabo qui le cogne avec fureur. Henri Darmon est impuissant, il ne peut que subir. Finalement, au petit matin, on le jette dans une cellule. Il est mal en point. Quelques heures plus tard, on le sort pour aller à Drancy.

Dans le couloir où on le parque, il voit le camion qui attend, moteur en marche. Il sait que Drancy, c'est la dernière étape avant la mort. Il se voit condamné. Pas de salut : personne ne l'attend chez lui, personne ne va s'inquiéter ou intervenir. En avant, marche.

En avançant dans le couloir, il croise un autre homme. Celui-ci est un supplétif des Allemands. Un Français passé au service des nazis. Le gars est un voyou de la Bastille. Il reconnaît Henri Darmon, malgré son visage tuméfié. Rapidement, il lui demande :

– Trompe-la-Mort, qu'est-ce que tu fous là ?

– J'ai été arrêté.

Le collabo murmure :

– T'as du fric ?

– Là, non. Mais je peux.

– Va falloir acheter des types.

– D'accord. Je m'arrangerai.

Le collabo sait que Trompe-la-Mort n'a qu'une parole. Sa réputation est meilleure que celle de la Banque de France. L'affaire est faite : Henri Darmon ne va pas prendre le camion pour Drancy.

Il a la vie sauve grâce à une merde humaine, un loubard collabo. Et grâce à son appartenance au milieu. La solidarité des mauvais garçons a joué, moyennant finances.

Je n'ai jamais su le nom de l'homme du couloir. Il a été payé. L'alerte a été chaude. Henri Darmon a trompé la mort, une fois de plus, mais il va falloir jouer finement. Il reprend sa vie, et c'est peut-être à cette époque qu'il change d'adresse, pour s'installer 33, rue des Artistes, dans le XIVe. C'est une rue calme, dont l'une des extrémités est barrée par un talus de chemin de fer. Des camions de police ne peuvent venir que d'un côté, donc. La voie ferrée offre une porte de sortie.

Chaque séance de cinéma, chaque balade dans la rue, chaque soirée au Balajo peuvent se transformer en aller simple pour la mort. L'inquiétude est constante, la peur toujours présente. C'est pénible. Partir ? Où ? Pour faire quoi ? Toute l'Europe est quadrillée. Retourner en Algérie ? Par quel moyen ? Il faut des faux papiers, de l'argent, des passeurs. La ligne de démarcation est supprimée le 11 novembre 1942, car le débarquement allié vient d'avoir lieu en Afrique du Nord. La guerre entre dans une nouvelle phase. Même au pays, là-bas, c'est l'incendie.

Henri Darmon cherche une idée. Il se tisse, silencieusement, un réseau de relations, une filière de solidarité. Impossible de survivre dans la solitude. Est-ce à ce moment-là qu'il entre en contact avec les hommes de la liberté ? Probablement. Il n'est pas résistant, mais il sait qu'il va falloir se battre, aider. De plus, la loi française du 4 septembre 1942 force tous les hommes de dix-huit à cinquante ans à subir la conscription obligatoire. En février 1943, Laval instaure le STO, le Service du travail obligatoire. Tout homme entre dix-huit et cinquante ans, dans la rue, devient louche s'il n'est pas ouvrier en Allemagne. La Milice, créée en janvier 1943, fait le sale boulot, avec une hargne ignoble. Il faut trouver une façon de passer entre les gouttes, c'est urgent.

Comment Henri Darmon apprend-il qu'on cherche un chauffeur « pour officier et sous-officier » en banlieue parisienne, au camp d'aviation de Brétigny ? Il se dit qu'il n'y a pas de meilleure planque que d'aller se mettre dans la gueule du loup. Il pose sa candidature... Il est reçu par un officier allemand type, crâne rasé, monocle, cravache à la main, hautain, qui ânonne le français. Une caricature de Prussien. Von Stroheim. Darmon est un nom qui passe mieux que Bénatar ou Ben Saïd, et mon père n'est pas inquiété. Il arrive même qu'on orthographie « d'Harmont ». L'entretien d'embauche se passe bien, malgré une curieuse impression de décalage. Von Stroheim engage mon père, avec quatre autres gars. Personne ne se connaît. Mais désormais, Henri Darmon a un ausweis, une couverture, une assurance-vie. Il roule en Mercedes-Benz. Il est au cœur du dispositif ennemi.

Brétigny est un site parfait, pour l'aviation : l'endroit est bien desservi par le rail, la plaine aux alentours n'offre aucun obstacle, la desserte routière est idéale, et la base, créée en 1938, est neuve. Les constructions ont été interrompues par le conflit, mais, durant la « drôle de guerre », l'école de pilotage y a été installée. On y cantonne des appareils North, des Romano, des Bloch. En juin 1940, l'aérodrome est bombardé par la Luftwaffe. À la fin du mois, les Allemands s'installent. Ils y rassemblent le groupe Luftflotte 3, sous le commandement du général Sperle. Il y a là des avions de chasse, 9 Jagdgruppen ; des bombardiers, 4 Zertörergruppen ; des Stukas, 7 Stukasgruppen ; et toute une petite armée d'aviateurs. Ceux-ci construisent des fausses pistes pour tromper l'ennemi. Les nazis font bâtir, en supplément, une soute à essence, deux zones de stockage de munitions (bombes de 250 kg et 500 kg), quatre hangars avec deux emplacements radio, une rampe lumineuse pour l'atterrissage de nuit. Pour défendre le site, il y a six canons lourds et quatorze points regroupant deux à quatre canons légers, dits « pom-pom ».

Brétigny a une importance stratégique capitale pour la défense de Paris. Les Alliés ont besoin de renseignements sur ce lieu. Ils vont les avoir.

Henri Darmon se met au travail. Il n'en revient pas d'avoir été agréé par Von Stroheim. Il conduit des gradés à Paris, puis les ramène à Brétigny. Ceux-ci ont des réunions officielles, mais en profitent aussi pour s'amuser : les bordels de la capitale travaillent à fond. Martoune, la patronne du Sphinx, à Montparnasse, assurera que jamais elle n'a eu de clients plus corrects que les Fritz. Propres et ordonnés. Fabienne, la sous-maîtresse du One Two Two, en rajoutera une couche : franchement, elle a préféré les Allemands aux Américains... Henri Darmon connaît les bonnes adresses. Il transporte aussi les maîtresses de ces messieurs. Avec le fameux ausweis, il circule comme bon lui semble. Sur ses gardes, quand même. Mais le danger est écarté. Quand il va au cinéma, en bonne compagnie, en cas de contrôle, il présente son laissez-passer, et les flics le saluent. Il y prend un certain plaisir. Il est conscient, malgré tout, que le danger peut désormais venir de l'autre bord : la Résistance peut prendre pour cible la voiture de l'officier allemand ou son chauffeur. La Mercedes – et plus tard, la Hotchkiss – sont ornées de fanions avec la croix gammée.

Peu à peu, Henri Darmon sent que la situation ne peut pas durer. Il faut virer ces crapules nazies. Dans ses relations d'avant-guerre, il a gardé quelques contacts, dont des gars qui sont passés à la Résistance. Celle-ci a triplé ses effectifs : les jeunes, plutôt que de partir au STO en Allemagne, préfèrent prendre le maquis. Dans le XIVe, il y a des petits réseaux qui se constituent, affiliés à de grandes organisations : « Vengeance », « Valmy », « Libé-Nord »... Une année passe. La Milice devient une puissance extrêmement dangereuse et se transforme en légion d'assassins. Les Alliés bombardent. La Seine-et-Oise subit cent cinquante bombardements entre 1942 et 1945. Dès mai 1943, des raids sont menés contre l'aérodrome de Brétigny. Les tirs se font plus précis. En avril 1944, les services de renseignement anglais sont en mesure de détailler au millimètre près la disposition des lieux, et même l'horaire des pilotes allemands : « Chargement des bombes à 17 heures. Départ vers 20 heures, retour vers 3 heures du matin. La Gestapo redouble d'activité. Il ne semble pas que la DCA ait été renforcée... Il y a 120 bombardiers, 220 chasseurs, deux nouvelles pistes de 1 230 m et de 1320 m et de 60 m de largeur, orientées respectivement NE-SW et NNE-ESE. »

Les renseignements sont redoutablement précis. Comment les Alliés les ont-ils eus ?

Sans doute, en partie, grâce à Henri Darmon. Mais pas seulement. Car un jour, Von Strohcim est arrêté par les nazis. Personne ne reverra le

Prussien à monocle. En fait, il travaillait pour l'Intelligence Service. D'où l'impression de décalage, le jour de l'entretien d'embauche...

Et les quatre autres gars que Von Stroheim a engagés ont, eux aussi, travaillé discrètement pour des missions de sabotage. Aucun d'entre eux n'a su que ses compagnons « en étaient ». Du coup, tous les hommes sont suspects. Il est temps de décamper. D'ailleurs, la fin de la guerre se profile.

Dans le XIVe, mon père se range aux côtés des résistants. Il est prêt à faire le coup de feu pour la libération de Paris. Chacun prédit que les combats vont être rudes. Hitler a donné des ordres pour raser la ville. Il veut « un champ de ruines ». Par chance, Von Choltitz, commandant du Gross Paris, n'exécutera pas ses ordres. Mais, pour l'heure, il convient d'être vigilant. Curieusement, la Milice et les organismes collabos n'ont jamais enregistré autant d'adhésions. Pour les Juifs, l'heure est très périlleuse. La machine d'extermination est déchaînée.

Il me disait : « On voyait des horreurs. Des femmes qui sautaient dans le vide, des femmes enceintes, des types qui tiraient sur des bébés...

J'ai vu des choses qui te dégoûtent de la vie. » Il me disait cela, et guère plus. De nouveau, le silence.

Un jour, dans la rue, Henri Darmon aperçoit un visage qu'il connaît. Il le replace instantanément. C'est celui du collabo qui l'a interrogé à grands coups dans la gueule. « Je suis tombé nez à nez avec lui, disait-il. Je lui ai parlé. »

– Et tu as fait quoi, papa ?

Un petit silence.

– C'était la guerre, fiston…

Il ne me l'a jamais dit, mais je sais. Il a tué cet homme. Dans l'effervescence qui a précédé l'arrivée de Leclerc à Paris, Henri Darmon a réglé ses comptes.

Toute sa vie, il se souviendra des cris des femmes.

Jusqu'à la fin de ses jours, quand je l'interrogeais, mon père ne m'en a jamais dit plus : « C'était la guerre », voilà tout.

De voyou solitaire, Henri Darmon est devenu combattant solidaire. Il a changé de statut. L'après-guerre se profile. Il va falloir abandonner le milieu, se faire une place dans la nouvelle société, devenir respectable. L'âge aidant, il songe à fonder une famille. La France de 1945 sera différente de la France de 1939. Les Borsalino, c'est terminé. Désormais, sur les papiers administratifs qu'il sera amené à remplir, il mentionnera, à la rubrique « Profession » : représentant. Il vend du vin et des spiritueux.

Il a survécu. Et il a la tête haute.

*

Pour le reste, c'est moi qui reconstitue. Si les archives de la Justice, de la police et de l'Algérie n'ont rien livré, il me reste à aller voir les archives militaires. Et là, on me signale l'existence du dossier 16P 157909 consacré à « Darmon Henri, né le 30/9/1910 à Tiaret ». Label : F.F.I.

Je demande la consultation du dossier.

Pas facile. Il faut se faire délivrer une carte de lecteur, déposer sa veste et ses stylos, s'adresser à une multitude de plantons et d'archivistes au fort de Vincennes. Et là, le jour fixé – pas un autre jour –, le dossier exhumé attendra dans la salle de lecture, face à la Sainte Chapelle de Vincennes, qui est censée contenir les reliques de la Passion depuis 1380. Dans la cour, des lycéens fument des joints en écoutant du rap.

Des militaires stricts passent, la serviette à la main, dans une odeur de frites. Des touristes égarés se tordent les chevilles sur les pavés inégaux. Dans l'escalier qui mène à la salle de lecture, une photo de la libération de Rome, un tableau de remise des drapeaux sous le Premier Empire, une radio de 1944, et un buste de marbre blanc qui représente un spahi.

C'est un signe, forcément.

Le dossier, enfin, parvient entre mes mains. Il est mince, très mince. Je l'ouvre. Quelques feuillets jaunis s'en échappent. Avec émotion, je les lis.

Il y a là un « Certificat d'appartenance aux Forces françaises de l'intérieur », rempli à la machine à écrire. Le général Lehr, commandant la première région militaire, certifie que « Monsieur Darmon Henri, habitant au 33 rue des Artistes, a servi dans le groupe FFI du 14e (groupe des Anges) Secteur Sud, du 19/08/44 au 25/08/44, département de la Seine – Mouvement Libé Nord ». Circonstances particulières : néant. Après quoi « il est rentré dans ses foyers ».

Le deuxième papier est une « Homologation de grade FFI ». Darmon Henri, représentant, affirme : « J'ai participé avec mon groupe (des anges) aux opérations défensives et offensives qui se sont déroulées dans le 14e au cours des journées de la Libération de Paris du 18/8/44 au 30/08/44. » Je reconnais l'écriture de mon père. Les dates ne sont pas tout à fait les mêmes que précédemment.

Il précise qu'il a été 2e classe dans le 2e chasseurs spahis, faisant partie du 2e chasseurs d'Afrique à Mascara (Oran).

Et c'est tout. Les autres documents apportent peu de détails : le groupe des anges était commandé par le lieutenant-colonel Bréchat. Une attestation dudit Bréchat Georges confirme les dates du 18/8/44 et du 30/8/44. Un bordereau d'envoi demande à monsieur Darmon de « conserver les deux certificats d'appartenance ». Une demande de certificat, signée par mon père, est datée du 14 mars 1950. Un exemplaire est contresigné par les membres des réseaux vengeance, FTPF, MLN, OCM, CDLR, Libé-Nord.

Et c'est tout.

Six ou huit jours dans la Résistance du XIVe, officiellement. Des tanks ont été incendiés à Denfert-Rochereau, des cocktails Molotov lancés boulevard Saint-Michel, des tirs sporadiques ont eu lieu avenue du Maine, et Von Choltitz a signé l'acte de reddition dans le XIVe, dans la Gare Montparnasse. À deux pas, Le Sphinx s'est momentanément vidé. Les filles sont chômeuses. Ça ne va pas durer.

L'Armée Leclerc entre par la porte d'Orléans. De la rue des Artistes, on peut entendre le grondement des chenilles.

Encore une fois, je suis confronté à la mémoire incertaine de mon père. Son empreinte papier est quasi inexistante. Même au Mémorial de la Shoah, rien. Il ne s'est jamais préoccupé, je l'ai dit, d'avoir une carte de Sécurité sociale ou de se constituer un fonds de retraite. Il a consciencieusement évité d'être recensé, estampillé, numéroté, fiché. Il a bien réussi, dans ce sens-là. Il n'a jamais été repéré par les flics, n'a jamais porté l'étoile jaune, ne s'est jamais signalé. Il a préféré la discrétion.

Mais de la discrétion à l'oubli, il n'y a qu'un pas.

Les documents de Vincennes sont, pour la plupart, rédigés de la main même de mon père. Il a donc éprouvé le besoin, à ce moment de sa vie, d'avoir une existence administrative. Pour la première fois, il a rempli des formulaires. Sans y être contraint. J'y vois le signe d'un changement profond. Henri Darmon a trente-cinq ans, il veut émerger, changer de peau. Il se constitue un dossier. Il vend sans doute déjà du vin de Mascara, là où il était basé, comme spahi.

Trompe-la-Mort n'existe plus. Il a déposé les armes. Il pardonne même à Maurice Lévy, son dénonciateur. Il ne lui en veut plus : « C'est un cave », me dira-t-il.

Il est temps de faire venir « une petite de chez nous ». Henri Darmon envoie à cette fiancée qu'il ne connaît pas sa photo, en tenue de spahi.

Épilogue

Sa photo arrive à Aïn El Arba, entre les mains de la famille d'une future institutrice. Le père, cordonnier et rabbin, est content de pouvoir caser l'une de ses quatre filles. La mère, nommée Fortunée, est morte brûlée. Viviane, la jeune fille, a sombré, depuis, dans la dépression, il faut donc lui trouver un époux. Elle a vingt-deux ans.

Le mariage a lieu. Henri Darmon la fait venir et s'installe à Paris avec sa femme en 1946. Il établit une nouvelle royauté.

Aucun coup de foudre, nul signe d'amour. C'est un appariement, pas un couple. Les choses se font à l'ancienne : on ne demande pas l'avis des mariés. On les associe, et les familles décident. Dans ce cas, la famille a décidé : Viviane retrouvera la santé entre les bras d'Henri Darmon. Elle ne connaît rien de la vie, il connaît tout. Elle ne peut que profiter. Et lui, Henri, qui n'a eu que des femmes mariées, des bonniches ou des soubrettes, des filles de rencontre et des dames de la nuit, il a entre les mains une fille pure. Sait-on la valeur que représente la pureté, dans ces années-là, dans cet univers-là ?

Il est ravi.

Mais pas elle. Jusqu'à la fin de sa vie, ma mère me répétera : « Je ne lui trouvais rien de particulier. Il était gentil, attentionné, élégant. » Elle aura de la tendresse pour lui. Intellectuellement, il est fruste. Elle a déjà un bagage culturel. Elle a envie d'être stimulée. L'étincelle ne jaillit pas. La vente de vins et spiritueux marche bien, l'argent rentre. Mais ça ne suffit pas : le couple est mal assorti, l'amour entre eux est fluctuant.

Je suis issu de ce mariage déphasé.

Il l'emmène dans les bons restaurants. Il l'accompagne au spectacle. Il lui fait découvrir le Paris qu'il connaît. Il lui présente des amis. Il ne déclenche rien, en elle. Elle y est insensible. Elle a la nostalgie du pays. Quand elle est enceinte, en 1947, elle retombe en dépression. Je suis dans le ventre d'une femme dépressive. Mon père sent qu'il a un trésor dans sa vie, mais qu'il n'en aura pas la clé. Henri et Viviane ne se rencontreront jamais. « Si tu n'avais pas été là, me dira-t-elle un jour, je serais probablement partie. » Mais elle s'y fait. Elle remplace la passion par une amitié tendre. Elle cherche un peu de douceur, malgré tout. Elle parvient à la trouver.

L'Histoire est là, qu'on ne peut changer. Je suis le fils d'une mère aimante et peu heureuse. Je suis le fils d'un homme aimant, mais absent. Ils n'ont eu qu'un enfant. J'ai eu une enfance chaleureuse, et je n'ai pas répété les erreurs de mes parents : pour mes enfants, j'ai toujours été là.

Chaque jour de ma vie, je pense à Henri et Viviane. Je revois le regard mélancolique de ma mère, contemplant les années sans amour. J'ai en mémoire les yeux de mon père, qui se murait dans le silence et qui partait en province faire son métier avec des amourettes de passage. Je ne comprends pas la logique de leur relation : pourquoi sont-ils restés ensemble ?

Si longtemps ? Cinquante ans de mariage... Et pourquoi, quand elle est morte, n'a-t-il pu survivre sans elle ? Sans sa reine, le roi s'enfonce dans la nuit.

Le véritable homme de la vie de Viviane Darmon, c'est moi, son fils.

Henri Darmon n'a jamais été méchant ou mesquin. Trompe-la-Mort est avec moi, il ne s'en va jamais. Il a douté, quand je lui ai annoncé que je voulais être acteur. Pas douté de mon talent, ni de mon choix. Mais de l'avenir : il craignait que je ne gagne pas ma vie. Et que je ne m'embarque sur les bateaux de safran...

*

En 1978, je ne suis plus tout à fait débutant. Je joue surtout au théâtre. À la Maison des arts de Créteil, je travaille sous la direction de Denis Lorca. Ce dernier met en scène Shakespeare : *Henri VI*, *Richard II* et *Richard III*. Titre : *Kings*. Le spectacle dure neuf heures. Il commence à 21 heures et se termine à 6 heures du matin. Au début, dans la salle, il y a mille spectateurs. À la fin, ils sont mille six cents.

Parmi eux, mon père et ma mère.

Kings est un souvenir d'acteur absolument unique. À l'aube, enthousiastes, les gens sont debout, radieux, et prennent le petit déjeuner avec la troupe. Ce marathon théâtral les a éblouis.

Kings, pour mes parents, c'est moi. Je suis leur roi.

Ma mère dit, à qui le demande – et même à ceux qui ne le demandent pas, d'ailleurs : « C'est mon fils. » Elle est heureuse, pleinement.

Mon père m'embrasse, et me glisse à l'oreille : « Je suis fier de toi. » C'est la première fois qu'il me le dit. Je baisse la tête. Mes yeux s'embrument.

Le jour se lève.

Table des matières

Direction littéraire
François Forestier

Composition PCA
44400 – Rézé

Imprimé en Espagne
Dépôt légal : janvier 2015
N° d'impression : 01
ISBN : 978-2-7499-2419-9
LAF : 1939